学院地址

乘车路线

火车站乘 1 路、106 路，汽车西站乘 101，汽车东站乘 19 路可直达湖南电气职业技术学院。其他经过学院的车次有 102 路、117 路、8 路、16 路。

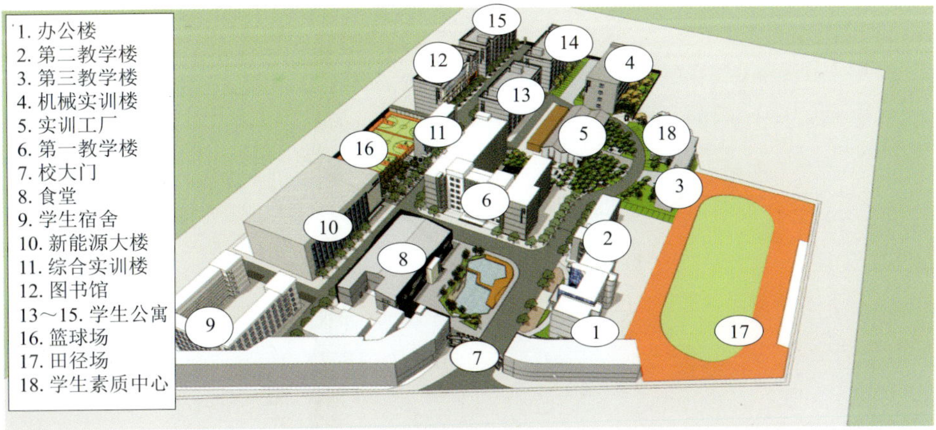

校园平面图

校园生活

01/追梦我的校园
My College
浙旅游实训楼
风电科技展示厅

01/追梦我的校园
My College
学生素质教育中心
三教学楼
学生素质教育中心
STUDENT QUALITY EDUCATION

学生素质教育中心

学生公寓

校园景观

机械系电梯实训基地

机械系实训大楼

新能源大楼

电气系风电展厅

汽车系实训基地

汽车系实训室

经管系实训室 1

经管系实训室 2

梦想从这里起飞

——大学生活指南

主　编　赵　丹　路成志　楚丙奇

副主编　阳桂桃　周禹希　钟　冲　文　婷

编　委　魏　华　黄嗣军　李超华　邓祖禄

王岩砾　朱建军　万秋红　唐晓纳

尹　月　郭　辉　钟乾辉　刘　雯

刘　丹　胡　烽

北京理工大学出版社

BEIJING INSTITUTE OF TECHNOLOGY PRESS

图书在版编目（CIP）数据

梦想从这里起飞：大学生活指南/赵丹，路成志，楚丙奇主编．—北京：北京理工大学出版社，2015.8（2016.8 重印）

ISBN 978-7-5682-1049-2

Ⅰ．①梦…　Ⅱ．①赵…②路…③楚…　Ⅲ．①高等职业教育-学生生活-指南
Ⅳ．①G715-62

中国版本图书馆 CIP 数据核字（2015）第 190539 号

出版发行／北京理工大学出版社有限责任公司
社　　址／北京市海淀区中关村南大街 5 号
邮　　编／100081
电　　话／（010）68914775（总编室）
　　　　　（010）82562903（教材售后服务热线）
　　　　　（010）68948351（其他图书服务热线）
网　　址／http：//www.bitpress.com.cn
经　　销／全国各地新华书店
印　　刷／北京富达印务有限公司
开　　本／710 毫米×1000 毫米　1/16
印　　张／10.5
彩　　插／4
字　　数／200 千字
版　　次／2015 年 8 月第 1 版　2016 年 8 月第 2 次印刷
定　　价／29.80 元

责任编辑／李志敏
文案编辑／江　立
责任校对／周瑞红
责任印制／马振武

前　言

取日新以图自强，去因循以厉天下。

——康有为

大学是一座宝藏，期待你们能获得开启大门的钥匙；

大学是一个五彩缤纷的世界，期待你们能投入其中而不迷路。

奋斗数年，决战高考，亲爱的同学们，祝福你们，历经多载寒窗苦读，承载多少期盼希望，即将迎来人生最精彩的一幕、最美的一页！

湖南电气职业技术学院欢迎你！

步入湖南电气职业技术学院，你们将面临新的学习环境、新的生活环境、新的人际关系、新的管理制度，甚至一个全新的自我……此时，你们可能会感到迷茫和困惑。本书编写的目的就在于能为你们解答疑惑，为你们提供行动指南，让你们在大学征程中胸有成竹、昂首阔步！本书共五章，涵盖入学适应、学习学业、规章制度、情感心理等环节的方方面面。希望本书能成为你们大学生活中的指南针，能让你们在接下来的三年中充分准备、未雨绸缪。

当然，寥寥数万字绝不可能解决你们大学生活中的所有问题，只希望你们能从中获取所需，受到启示，把握方向，实现希望。当然，大学三年，你们要学得出色，活得精彩，走得顺畅，还需要根据自己的实际情况不断探索与总结。祝愿你们三年后能成为理论扎实、技能一流、素质优秀的大学生！

亲爱的同学们，大学是学习知识的天堂，是磨炼本领的关键，是构筑未来的摇篮，多少人用诗一般的语言在讴歌大学那激情燃烧的岁月，又有多少人在为年少的轻狂和不经意间虚度的青春而扼腕长叹。亲爱的同学们，书山有路，学海无涯，勤能补拙，苦亦甘甜……

当鸟儿唱起第一首歌曲，
当晨钟奏响第一个音符，
请冲破夜幕与迷雾，
用激情和坚毅托起心中的太阳，
用真诚和斗志充实青春，充实大学生活！

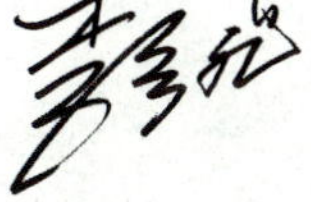

2015 年 7 月于湘潭

寄语新生

要思考“我是谁”，这是角色定位和角色认同问题。对“大学生”这一角色，如果模糊不清，就会出现角色错乱，大学生活有可能会成为“大混生活”。

要思考“我来做什么”“该怎么做”，这是定位和态度问题。大学干什么？是单纯求学，两耳不闻窗外事，还是修身、齐家、治国？是被动求学还是主动奋斗？选择不同，最后文凭的含金量截然不同。

要思考“我到哪里去”，这是定向问题。进入大学，前途选择并没有结束。将来是毕业直接工作，还是继续深造？是进入蓝领、白领还是金领？不管怎样选择，改变命运的钥匙掌握在自己手里，成功的机遇总是偏爱有准备的人。

要有正确的容貌观。不论男生还是女生，如果在大学里过分重视容貌的话，可能不会吃亏，但是迟早会吃亏。

要有正确的公平观。面对不公平的东西，不要抱怨，你的不公平可能恰恰是别人的公平。所以，你不如去努力奋斗，争取你自己的公平。

要有正确的爱情观。大学可能有真实的爱情，但是也有可能是因为别人都谈恋爱而羡慕或者别的原因而在一起。所以，不必为任何分手而受太大的伤，当然，真爱还是值得追求的。

要重视尊严。尊严是最重要的，在大学里，要懂得利用这个空间锻炼自己，要让自己的尊严有足够大的承受力。

要厉行节俭。如果你的家庭经济情况一般，那么记得为了你的家人和你自己的前途，永远别乱花钱。如果你的家庭富足，也要永远记住你用的钱是你爸爸妈妈的血汗钱。

要努力。要永远记住，在社会上要胜利的唯一方法永远只有一个，那就是实力，永远不用怀疑。

要多去图书馆。如果你三年内很少去图书馆的话，你就等于自己浪费了一大笔财富。所以，经常去那里，随意翻翻，都会有收获。

要学会从头开始。进入大学，就是一个新的环境，要接触新的人，你的所有过去对于他们来说是一张白纸，这是你重新塑造自己形象最好的时候，改掉以前的缺点，每进入一个新的环境，都应该以全新的形象出现。

要学会改变自己。大学学的不仅仅是知识，还有为人处世的本领。大学之前你比较内向，上了大学一定要改变自己，好好利用在公共场合说话的机会进行锻炼或者展示。

要拥有独立思考的能力。对这个世界有自己的见解；在众说纷纭中要有自己的看法；甚至在问别人问题时，你自己也要有一定程度的思考。

要做到知行合一。对于经过大浪淘沙走进象牙塔里的你来说，知识、方法可以很快掌握，但是良好的习惯、优秀的品质、高尚的品德却不是朝夕可就的。只有把求知与做人完美地结合起来，才能成长为一个对社会有用的人，才能真正实现自己的价值。

要关心社会。大学是个小社会，生活在这个环境中，最重要的是要适应这个环境，你才能更好地驾驭它。在宿舍一定要和室友相处好，如果连自己一个寝室的同学都相处不好的话，那你做人就有问题了。如果可以的话最好竞选班干部或者学生会干部，锻炼一下自己的能力。学会宽容，这一点至关重要，宽待一切，包括老师、同学和你身边的环境，这样你才能真正快乐起来！

青春的美丽离不开理想的放飞，放飞的理想如果没有拼搏的汗水、挫折的洗礼、智慧的凝聚，就只能是虚妄的幻想。请记住：

奋斗——理想的力量；

信心——理想的支柱；

知识——理想的钥匙；

兴趣——理想的磁石；

创造——理想的火花；

奋斗——通向理想之峰的阶梯；

健康——实现理想的本钱；

纪律——实现理想的基本保证……

亲爱的同学们，天道酬勤！播撒希望的种子，辛勤耕耘，翘首以待下一个丰收的秋天！

目　　录

第一章

校 园 认 知

第一节　学 院 概 况

湖南电气职业技术学院是全日制公办普通高等学校，由大型国有骨干企业湘电集团有限公司主办，湖南省机械工业行业管理办公室督办指导，是全国成立最早的技能人才培养基地，前身为1941年的国民政府资源委员会中央电工器材总厂艺徒训练学校。学院历经74载岁月变迁，校名几经变更，2006年4月经湖南省人民政府批准由湖南机电职工大学和湘潭机电技术学院合并成立高职院校。

学院坐落于湘潭市下摄司湘电集团内，毗邻湘潭市高新区，占地196亩，建筑总面积107 121.52平方米，在校学生4 500余人，教职工287人，学院以全日制高等职业教育为主，学历教育与职业培训并举，现有4个系、3个教学部、3个校企双主体二级学院，适应湘电集团、长株潭和湖南区域经济发展需求，开设了风电技术、电梯工程技术、汽车技术与服务、生产性服务4个专业群，共21个专业，形成了以新能源装备与先进装备制造类专业为特色、机电类专业为主体的专业格局。现有省部级以上示范（重点、骨干、特色）专业8个，其中2个中央财政支持专业、2个全国机械行业特色专业、1个全国机械行业高素质技能人才培养创新试点专业；省部级及以上重点支持建设的实训基地数7个，其中2个中央财政支持实训基地。

学院以服务为宗旨，以就业为导向，依托企业，立足湘潭，面向湖南，走校企合作办学之路，取得可喜成绩，先后被确定为“国家首批高技能人才培养基地”“国家职业技能鉴定所”“全国机械行业骨干职业院校”“全国机械行业校企合作与人才培养优秀职业院校”“全国机械行业合作培养高素质技能人才创新建设学校”“全国新能源职教集团核心院校”“中德风电合作项目组核心院校”“中央财政支持的职业教育实训基地”“湖南省青年职工培训基地”“湖南省汽车制造业高技能人才培养培训基地”和“湖南省示范性（骨干）高等职业院校”，获“全国高等职业魅力校园”“全国五四红旗团委”“湖南省职业教育先进单位”“湖南省毕业生就业工作优秀单位”等荣誉称号。

1. 办学宗旨：以人为本　立德树人
2. 校训：严谨　创新　感恩　自强
3. 校风：厚德　善教　勤学　精艺
4. 教风：爱生善导　言传身教
5. 学风：乐学多思　学以致用
6. 校徽：

图 1　校徽效果图

释义：

运用举办者厂徽的创意，以科技蓝为标准色，徽志为双圆套圆形徽标，双圆体现了学院“厂中校”“校企融合”的办学体制；三条线性元素分别代表举办者的电机电器成套技术、电力推进技术、电动车辆技术三大核心技术，依托这三大核心技术，学院打造新能源技术专业群、先进装备制造专业群和生产性服务专业群，线条组合倾斜向上，突出三大专业群板块齐头并进，同步发展，标志学院事业蒸蒸日上，学院发展欣欣向荣；“1941”代表学院的建校时间；圆形的上方是学院中文校名，下方是学院英文名“HUNAN ELECTRICAL COLLEGE OF TECHNOLOGY”。

第二节　学院的机构设置

一、党政办

党政办是党委直接领导下的处理学院党政日常事务的综合性办事机构，是学院行政的综合总理、协调机构和对外联系的重要窗口。党政办的任务是服务领导、服务部门、服务师生、服务全局。同时，党政办负责党委印章、学院行政印章的管理和使用。

二、组织人事处

组织人事处负责学院的组织、人事工作，党的基层组织建设，全院党员的管理工作，负责调整党员的组织关系，以及教工党员和学生党员的发展工作。

三、宣传部

宣传部是向校内外宣传学院形象的部门，也是营造校园文化氛围的部门。宣传部主要负责校园新闻网站的管理，并指导学生记者团的采写工作。

四、财务处

财务处是学校财会综合管理职能部门，负责贯彻执行国家财经法律、法规及依法管理、监督本单位各项财经活动的职责。财务处负责收缴学院内学生学费、学杂费等费用，并负责办理银行代发助学金等事宜。

五、教务处

教务处是负责全院教育教学管理的行政职能部门。主要职责有：教学运行管理、师资建设与实践教学管理、学籍管理、考务（含自考考务）管理、成绩管理、职业技能训练与鉴定、教材与教学设施管理等。

六、学生工作部、团委

学生工作部、团委是从事学生教育、管理和服务工作的职能部门。主要职责有：指导各分院学生工作领导小组开展学生日常管理工作，负责辅导员队伍、学生干部队伍的建设、管理、考核工作；负责全院学生的综合测评、评先评优等工作；负责全院学生的扶贫济困工作，统筹安排全员性勤工助学活动；负责学生的助学金、奖学金、勤工助学金、临时困难补助等分配，并负责其审核、发放工作；负责制定、修订有关学生管理的规章制度；负责全院学生的违纪处分及申诉处理工作；指导各分院做好学生档案的管理工作；协助保险公司开展学生保险的办理及理赔工作；管理学生宿舍；负责指导学生会开展工作，组织学生开展文化、艺术、体育、科技等课外活动，培养校园文化氛围，加强校园精神文明建设；负责全院共青团员的教育、培训、管理工作，优秀共青团员的入党推优工作。

七、招生就业处

招生就业处的职责是负责学院学生的录取和报到工作，以及学院学生毕业时的就业和离校工作。在就业方面，招生就业处主要负责组织开展就业宣传工作，联系用人单位和宣传媒体，拓宽毕业生就业渠道，建立广泛的就业基地；积极收集、整理并及时向全院发布需求信息；组织校园招聘活动；负责就业指导工作，面向毕业生开展日常就业指导与咨询；开展职业能力测试；组织开展全院就业工作人员培训；配合教务处、学生工作部开展毕业教育工作。

八、后勤服务管理部门

后勤服务管理部门包括后勤处和物业管理服务中心。后勤处主要负责学院的资产、食堂、水电服务、绿化、车队等方面的管理工作；物业管理服务中心主要负责全院的物业维护、校园环境卫生管理等方面的工作。

九、校医务室

校医务室是面向全院师生的医疗服务部门。除了日常的治疗工作外，其主要任务是贯彻“预防为主”的学校卫生工作方针，监测学校人群的健康状况；开展学校健康教育；负责学校常见病和传染病的防治。

十、保卫处

保卫处主要负责学院安全管理工作，指导和督促校内各单位做好安全防范工作，保护现场，协助有关部门查处各类案件和事故；负责学院治安、交通、消防安全管理工作，落实各类安全责任人，组织安全检查，督促安全隐患整治；负责校园日常巡逻执勤及校内安全宣传和法制教育，组织做好校园的群防群治工作；负责学生户口的管理。

十一、图文信息中心

图书馆现有藏书16万余册，现刊近300种、报纸60余种。图书包括哲学、社会科学、自然科学和工业科学等门类，其中尤以工业技术、经济管理、计算机类文献为馆藏特色。并拥有《超星数字图书馆》《中国知网数据库》《龙源期刊网》《博看期刊数据库》等多个数据库。现设有社科图书借阅厅、自科图书借阅厅、报纸期刊阅览室、电子阅览室、综合藏书室等，总面积达3 000多平方米。图书馆实行系统化、一门式管理。

第三节　四大系部简介

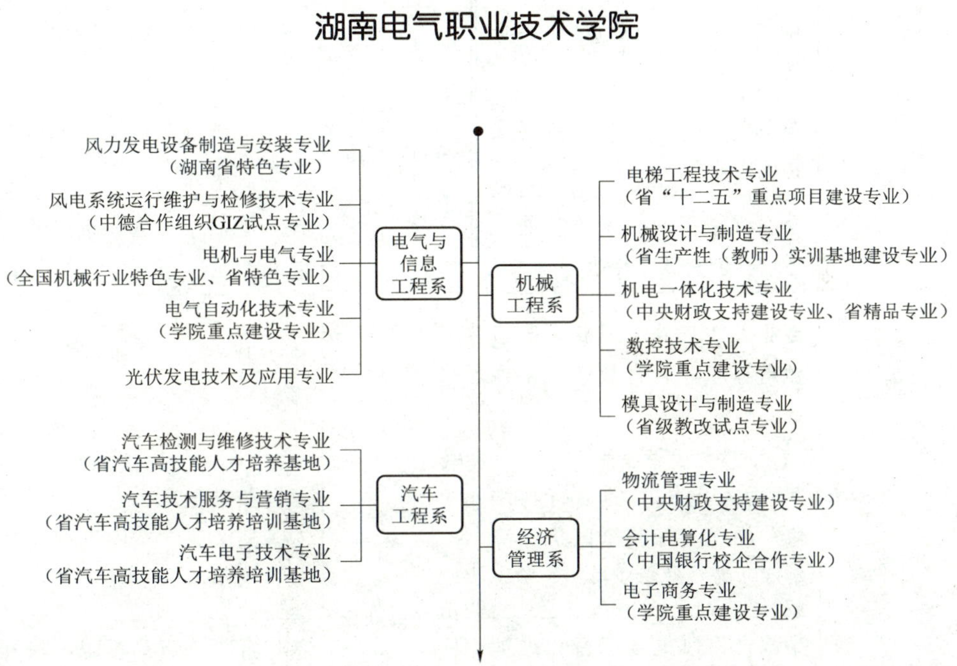

一、电气与信息工程系

电气与信息工程系已有20余年的办学历史，现设有电机与电气、风力发电设备制造与安装、风电系统运行维护与检修技术、电气自动化技术、光伏发电技术及应用 5 个专业，在校生 1 500 余人。下设 3 个专业教研室，有兼职教师 76 人，校内专职教师及行政人员 41 人，其中，研究生学历 32 人；教授 3 人，中高级职称 26 人，“双师型”教师达 80% 以上；校外兼职教师 35 人，均由企业高级工程师、行业专家担任，其中高级职称 22 人。

我们紧扣企业人才需求，对接产业设置专业，深化“订单培养+顶岗实习”的工学结合人才培养模式，与知名企业携手进行订单培养；特别是依托湘电集团，与其下属分公司共建了校企双主体的“湘电电机学院”和“湘电风能学院”，学生“进校即进厂”，实行“专业共建、人才共用、资源共享、学员共培”。因此，我系毕业生深受用人单位的青睐，就业质量高，目前各专业毕业生就业率达 95% 以上。

【专业荣誉】

专业名称	获得荣誉	专业名称	获得荣誉
风力发电设备制造与安装	中央财政支持“风力发电设备制造与安装”实习实训基地	电机与电气	湖南省教育改革试点专业
	湖南省“十二五”重点建设特色专业		全国机械行业技能人才培养特色专业
	全国机械行业高素质技能人才培养创新试点专业		湖南省“十二五”重点建设特色专业
	专业人才培养方案获全国机械高等职业教育教学成果一等奖		中央财政支持实训基地建设项目
	“风力发电机组的运行与维修”课程设计获全国机械高等职业教育教学成果三等奖	电气自动化技术	学院技能大师、专业带头人方鸷翔荣获“全国机械工业先进工作者”称号
	中德合作风电场运行和维护技术人才培训项目核心院校		2012 年湖南省高等职业院校专业技能抽查获“优秀奖”
	中德合作风电场运行和维护技术人才培训改革试点班		学院重点建设专业

二、机械工程系

1. 合理的专业构成

机械工程系办学历史悠久、实力雄厚、特色鲜明、教学资源丰富。设有电梯工程技术、机电一体化技术、机械设计与制造、数控技术、模具设计与制造等5个专业。其中，机电一体化技术专业是中央财政支持的重点建设专业；模具设计与制造专业是省级教改试点专业；数控技术专业是学院重点建设专业；机械设计与制造专业是湖南省生产性（教师）实训基地建设专业。

2. 优秀的教师队伍

机械工程系现有教职工50余人，其中专职教师40人，专职教师“双师素质”达90%以上，省级优秀教师4名，省级青年骨干教师1人，全国技术能手3人，省级技术能手2人。设有电梯、机电、数控、机制、制图5个教研室，教师队伍结构合理、业务精湛、爱岗敬业，建立了具有扎实专业基础和丰富实践经验的教师队伍。

3. 学训一体的综合实习实训基地

机械工程系拥有机械工程实训中心1个、电梯实训基地1个，并设有董日中技能大师工作室、数控车削实训室、数铣（加工中心）实训室、数控仿真实训室、车削实训室、铣削实训室、全进口钳工实训室、特种加工实训室、冲模学训室、塑模学训室、电梯功能实验室、电梯故障诊断实验室、电梯部件学训室、机械创新工作室等20多个实验实训室。教学设备和仪器达350余台（套），总价值达2 000余万元，同时拥有湘电集团、海诺电梯、德力通电梯、崇德科技等多个校外实习实训基地，为培养技术技能型人才提供了可靠的保障。

4. 校企深度融合建立二级学院——海诺电梯学院

机械工程系充分发挥学院和企业的教育资源、教育环境等优势，学院与企业之间的资源实现共享、共育、共管，全面提升学院培养技术技能型人才的能力，为培养适应市场需求的高素质电梯工程技术技能人才做出贡献。湖南电气职业技术学院与海诺电梯有限公司本着“资源互用、优势互补、平等合作、利益共享”的原则，共同建立以合作办学为机制、以合作育人为模式、以合作就业为目标、以合作发展为动力的校企深度融合的二院学院——海诺电梯学院。

海诺电梯学院设有电梯工程技术、机电一体化技术2个专业，其中机电一体化技术专业（电梯装调方向）为中央财政支持建设专业、全国机械工业高技能人才培养创新专业、人力和社会保障厅精品专业。海诺电梯学院现有专任教师26人（含企业兼职教师），“双师素质”教师达90%以上，高级技术职称6人，现有在校生400余人。

海诺电梯学院拥有电梯实训基地1个、电梯技术研发中心1个，其中电梯实训基地下设电梯安装调试实训室（10个井道）、自动扶梯实训室、无障碍电梯实训室、电梯智能装调实训室、电梯构造实训室、电梯产品认知教育展览室、电梯远程监控室、电梯仿真实训室、电梯故障诊断实训室等10多个实验实训场地。该基地拥有教学设备和仪器总价值达1 000余万元。

三、经济管理系

经济管理系是学院紧跟时代发展脉搏、紧扣社会人才需求应运而生的一个年轻系部，现设有物流管理、电子商务、会计电算化三大热门专业。经济管理系拥有一批爱岗敬业且教学水平较高的师资队伍，现有专兼职教师52人。校内专职教师及行政人员27人，其中博士2人，硕士13人；教授3人，副高职称2人，硕士生导师1人，“双师素质”教师6人，有企业行业工作经历教师10人，专业带头人6人。校外兼职教师主要由企业行业专家担任，并定期对系中各专业人才培养方案提出建设性意见。已初步形成了一支专业素质高、梯队结构合理、高度敬业、勇于创新的专兼职结合的教师队伍，现有学生1 000多人。自经济管理系成立以来，受到了社会各界的广泛支持，系部紧跟学院“以人为本，立德树人”的办学理念，致力于培养适应社会经济发展需求，具有较强现代意识和创新精神，能够在生产、管理、服务第一线从事经营管理的高素质、高技能应用型专门人才。

四、汽车工程系

汽车工程系是湖南省汽车制造业高技能人才培养培训基地，是湖南省针对汽车行业迅速发展、汽车产业从制造销售到售后服务各环节对技能型人才有旺盛需求的现状，在湖南省内十所高校建设的汽车技能型人才培养培训基地之一。专业教学条件优越、师资力量雄厚，配有全面的一体化教室、仿真教室、学训区和实训车间。学生就业面广、就业质量高，已与系部建立实习与就业合作关系的企业包括长株潭地区所有主要的汽车制造企业和200余家汽车4S店。

汽车工程系现有专业教师33人，其中专职教师18人，兼职教师15人，教授2人，副教授4人；省级青年骨干教师1人。2010年，汽车工程系成为湖南省汽车制造业高技能人才培养培训基地。

汽车工程系拥有汽车发动机拆装、发动机运行、底盘传动系统、底盘制动行驶转向系统、汽车电器、安全舒适系统6个专业实训室；拥有汽车营销大厅、洽谈区、博世合作项目、汽车检测与维修等专业实训中心，是湖南省汽车制造业高技能人才培养培训基地。

第四节 大学里的学生组织

大学里的学生组织是提高学生综合素质、培养创新人才的重要阵地。它不仅能够培养大学生的民主意识及自律精神，促使大学生在自我表现、自我发现、自我管理、自我教育和自我发展的基础上提高自身的综合素质和综合能力，还能提高大学生的社会交往能力，加速大学生的社会化，促进大学生得到自身价值的满足和社会的认可。新生入学后，在军训期间，学院内的各个学生组织机构就纷纷开始“纳新”，如果你有志于在大学里得到更多的锻炼、积累更多的社会经验，可以结合自身条件，考虑加入学生组织。

一、学生会

学生会以全心全意为同学服务和自我教育、自我管理、自我服务，以及协助学校管理和建设为宗旨，是院党委领导下、院团委指导下的全院学生的群众组织，是全院学生的自治组织机构，是沟通学校与学生的重要桥梁和纽带，是学校管理系统的重要组成部分。学生会设主席团，负责管理学生会的全面工作，下设办公室、组织部、外联部、学习部、文体部、纪检部、女生部、生活部、心理信息部、网络宣传部等各部门。各系部设系学生会。

二、社团联合会

社团联合会以“自我服务、自我管理、自我教育”为宗旨，以“团结协作、携手并进”为原则，有组织、有计划、有成效地开展各种活动，从而达到团结各社团、丰富学生第二课堂、繁荣校园文化，推进良好校风学风建设的目的，并使各社团逐步形成制度化、正规化、系统化的管理模式。学校目前拥有自主创业协会、贝类文学社、舞蹈队、极光骑行社、演讲协会等21个社团组织。

三、自律自治委员会

自律自治委员会是学生自律、自我管理的机构，主要职责是参加各学生组织的秩序维护，保证活动的正常进行；协助学生工作部、团委搞好学生宿舍管理及到课率检查等。

四、广播站

广播站是电气职院团委直属的主要职能部门之一，是一个学生自主管理的舆论宣传部门，是宣传党的路线、方针、政策，配合学院中心工作、教育引导学生的重要舆论宣传阵地。作为学院宣传力量的重要部门，应以严格、有序的管理制度规范各成员职责、纪律，以便有效顺利地开展各项工作。

五、青年志愿者协会

青年志愿者协会组织志愿者举办面向社会的实践活动，奉献爱心；负责与各系部志愿者分队的沟通与联系，为协会举办各项活动提供人力支持，领导全校性的志愿活动；负责对全校青年志愿者资源进行管理。

六、素质拓展部

素质拓展部是电气职院团委直属职能部门之一，是以培养大学生的思想政治素质为核心，以培养创新精神和实践能力为重点，以普遍提高大学生的人文素养和科学素质为目标。主管学生素质提升及监督，了解学生思想动态，配合团委各类活动的教育宣传。

七、国旗护卫队

国旗护卫队是我院一个重要的学生社团组织，负责学院每周升旗及重大节日的升旗活动、校院大型活动的礼仪接待和秩序维护工作、部分新生的军训工作。国旗护卫队在树立学院形象，加强对全院同学的爱国主义教育，推动校园精神文明建设方面做了大量的工作。

第五节　学院生活指南

一、学院地址

学院地址：湖南省湘潭市岳塘区下摄司街2号。

二、学院餐饮地点

校园内有学生食堂，学院门口两旁及对面有各种小吃餐饮店。

三、购物中心

校园内有校园超市，出校门往左步行 270 米有大型步步高超市。

四、银行

校园内有自动取款机，出校门往左步行 200 米有华融湘江银行；往右步行 400 米有农业银行；往右步行 800 米有建设银行、中国银行、工商银行。

五、医疗

学院设有校医务室，位于后勤处一楼，学院学生医保定点首诊医院是湘潭爱心友好医院（地址：湘潭市下摄司街 302 号，坐 1 路车、106 路车在下摄司站下车）。

六、乘车路线（出校门过马路直走 20 米有公交车车站）

1. 到火车站

可乘坐 1 路直达火车站，也可乘坐 106 路车在终点站下车后步行 400 米至火车站。

2. 到汽车总站

可乘坐 1 路和 106 路到康星百货站下车，然后步行 500 米至汽车总站。

第六节　学院主要机构电话号码及位置

部门	常用电话（区号 0731）	位置
招生就业处	52810621	招生就业大楼四楼
	58596575	招生就业大楼四楼
	58595839	招生就业大楼四楼
学生工作部	58595661	办公楼一楼
	52810228	办公楼一楼
	52810283	办公楼一楼

续表

部门	常用电话（区号0731）	位置
团委	52811510	办公楼一楼
财务处	52810294	办公楼一楼
党政办公室	58595339	办公楼三楼
	52810293	办公楼三楼
组织人事处	52810253	办公楼二楼
	52810681	办公楼二楼
宣传统战部	52810676	办公楼五楼
纪检处	52810212	办公楼三楼
教务处	58595338	第二教学楼三楼
	52810297	第二教学楼三楼
	58596650	第二教学楼三楼
评建办	52810209	办公楼二楼
图文信息中心	52810273	图文信息中心大楼二楼
	52810602	图文信息中心大楼二楼
培训部	52811506	第二教学楼二楼
网络中心	52810269	教学楼六楼A座
后勤管理处	52811508	后勤大楼
	52810609	后勤大楼
医务室	52810670	后勤大楼一楼
宿管中心	52810295	女生宿舍一楼
公共课部	52810231	第二教学楼四楼
电气与信息工程系	52810203	一教学楼三楼A座
	52810610	一教学楼三楼A座
	52810227	一教学楼三楼A座
机械工程系	52810298	一教学楼四楼A座
	52810204	一教学楼四楼A座
经济管理系	52810206	一教学楼三楼A座
汽车工程系	52810608	新能源大楼二楼

第七节　学院常用网站地址及微信平台

（1）学院网站：http://www.hnjd.net.cn/

（2）CRP 数字化校园信息平台（教师版）：http://crp.hnjd.net.cn/oa/login.aspx

（3）CRP 数字化校园信息平台（学生版）：http://jw.hnjd.net.cn/st/login.aspx

（4）图书资源中国知网：http://www.cnki.net/

（5）就业信息网：http://www.hnjd.net.cn/publish/jyxx/jyxx.aspx？channel=83

（6）团委微信公众平台

第二章

入 学 适 应

第一节　新生心理引导

一、读大学是享受生活还是塑造自我

经历了黑色的高三，学生从一种紧张的状态里解放出来，似乎失去了再次奋斗的目标，这是一件非常可怕的事。人没有了奋斗目标也就同时失去了生活的动力，就如没有方向的船，什么风都不是顺风。

大学需要学生自己合理支配时间，完全不同于高中时期所有时间被学校安排得非常紧凑。你有许多时间可以在宿舍的床上度过；有许多时间可以在 QQ 上闲聊；有许多时间可以在网络游戏里厮杀。时间飞快地过去了，突然发现自己没有认真听过几节课，虽然上课的老师非常优秀；突然发现自己没有认真读过几本书，虽然图书馆里有很多藏书；突然发现自己没有学到东西，虽然大学里有很多可以学习的东西。

大学里的教学方式与中学时期的教学方式完全不同。在大学里，没有任何一位教师会围绕学生转、生怕学生没有学到东西。在这里，学不学完全是自己的事，因为你已经是成年人了。没有了中学反复讲解，没有了以前做不完的作业。

大学里的辅导员与中学的班主任也完全不同。中学的班主任什么都要管，就像一个苛刻的保姆，因为他们把学生当成小孩子。

不要说上课听不懂，不要说教师不关心，不要说专业不感兴趣，不要说学校太烂。堕落不需要理由，只需要借口！你应该找到自己的目标，虽然不需要

立刻找到，但也应在尽量短的时间里找到自己奋斗的目标。

在这里，给你们一些建议，希望能帮助你们找到目标。

第一步：抛开所有的阻碍，从专业出发，想想自己以后到底要做怎样的工作，或是怎样的事业。找一张白纸，把自己最终的决定记录下来，请不要犹豫不决。

第二步：利用网络，从多种渠道充分了解从事你定下的工作所需的专业技能和其他技能。这些技能的理论知识大多数是从书本上学来的，你需要做的是从基础到精深给自己开列一个学习的书目。这个也请你写在纸上。

第三步：按书目的先后给自己分配学习时间。当然，你能分配的大多数是属于自己的课余时间。然后将它落实到每一学期当中，让自己每学期都有一个学习计划。

第四步：按照学习计划，脚踏实地去学习，利用一切可以利用的条件去实践，去拓展自己的职业素养，比如在艺术、体育、人际交往方面，等等。

如果每一个同学都有一个目标，那么大学生活会过得很充实、很忙碌，并且会得到很多。所以，请每一个同学都给自己定下一个目标吧。

大学里有太多的诱惑：QQ里又发出了让人手痒的声音；网络游戏里又发出了让人兴奋无比的厮杀声；操场的路灯下又站着一对对相互依偎的情侣；牌桌前又摆满了好像唾手可得的钞票……你需要拒绝这些诱惑，构建一个属于自己的未来。

每一个人都想过上高质量的生活，都想让自己的至亲过上无忧的生活，都想在世界留下自己创造出的价值，但这些不是在享受中就可以实现的。上天给了每个人一双手和一个大脑，就是要让人们去创造与思考。大学这段时间是最佳的学习时间，所以请你放弃享受，努力地重塑自我，为以后的腾飞积聚力量。

二、校园生活中丰富的情感世界

在大学生的校园生活里，学生们可以尽情品尝感情的果实。有对父母家庭的依恋、有对中学时代生活的怀念、有与新同学交往的激情，更有对爱神光顾的祈盼。亲情是一种深度，它是最无条件、无保留的爱，是持续每个人一生不停息的动力；友情是一种广度，它是最无私、最永恒的情感，正确面对你的同学和朋友，你会发现他们像亲人一样，是你生命中不能缺少的重要元素；而爱情则是一种纯度，青春期的少男少女，爱情在这里不可避免地发生。十年寒窗，你终于成了时代骄子，或许大学中恋爱又是你人生中的另一次高考。当它第一次来临的时候，你既要自然洒脱地迎接它，又要处理好恋爱与其他方面的关系，克服种种功利、欲望、放纵的庸俗成分。

大学时期是人生中的黄金时期，是积累知识、成就非凡能力的最佳时机。这个阶段，大学生们拥有活跃的思维，拥有求知的良好环境，拥有健康的体魄和令人激动的梦想，求知和发展自我是在大学时代的主要任务。谈恋爱和学习并不一定冲突，相反，正确处理好学业与爱情的关系，还会给自己的事业和将来的家庭幸福打下良好的基础。共同进步、理智文明的爱情是帮助你成长的重要环节。但是沉湎于享乐、挥霍金钱、挥霍时光而忘记学习重任的爱情却只会酿造苦酒。

如果你觉得他很帅，想和他谈恋爱，请三思；如果你觉得她很美，想和她谈恋爱，请三思；如果你觉得很孤单，想找个人谈恋爱，请三思；如果你觉得同学都在谈恋爱，你若不谈恋爱就落伍了，请三思。

真正纯洁而真诚的爱是：因为优秀而被吸引，因为吸引而被爱，因为被爱而学会爱。因为爱所以我们爱父母、爱老师、爱同学、爱集体、爱学校、爱祖国，这才是一个拥有无比丰富的感情世界的大学生。

健康恋爱观的培养要做到以下几点：

（1）注重心理相容。心理相容有两层含义。一是指恋爱双方品质、情操、价值取向的一致性；二是指能容许对方与自己的差异。

（2）有责任感，为对方承担道德义务。男女双方一旦有了恋爱关系，就有责任共同承担这一关系所包含的各种义务。爱是一种给予，它蕴藏着对对方强烈的责任感和义务感，它要求恋爱双方的所作所为都必须向对方负责，这也是恋爱道德最突出的表现。

（3）摆正爱情与学业的关系。爱情是人生价值的重要部分，但不是人生价值的全部体现。大学时期是大学生人格全面发展的重要时期，也是夯实专业基础的时期。学习是大学生的首要任务，应当把主要精力放在学习上。

三、责任让大学生的思想更加成熟

责任是一种生活态度，更是一种精神力量。责任是任何一个有担当的人在社会生活中应承担的角色义务，是对自己的不良行为所应承受的后果。大学阶段是大学生成长的重要阶段，是学习、了解和明确社会角色，学习承担责任、履行义务、行使权利的阶段。踏进大学校园的时候，大学生就应该感受到自己肩上沉甸甸的责任。在这个成长的过程中，大学生要努力通过学习健全人格、培养德性、提升境界和完善感情，这是人生成长的重要过程，是一个由自我意识萌发到健全人格形成的快速过度的发展时段。

复旦大学校长杨玉良认为：“大学生最大的责任就在于学习、创造和理性地服务社会。"

我国香港中文大学前校长金耀基认为，一个青年进入大学以后，他就被赋予了一种责任，即他应该以充实的学问为责任，他应该沉浸在理性的精神当中，在图书馆、实验室、教室里与教师一起，在知识的海洋中做创造性的航程。所以，学习是学生一进入大学即被赋予的职责。学习生活或者其乐无穷，或者苦不堪言，需要的是坚持。

除了学习，大学生还承担着各种社会责任。首先，大学生对父母具有永远都无法推卸的责任。在他们脸上被岁月留下痕迹的皱纹里，在他们充满希望的眼睛里，蕴含着父母无比的艰辛和深沉的爱。你没有理由挥霍父母挣来的血汗钱，大学教育，是一种需要高额费用的教育，父母的高额投入，你该有怎样的回报？其次，大学生还必须承担一个公民的责任。有知识、受过良好教育的大学生应当承担作为一个公民对国家、对社会的责任。正因为这个原因，大学生应该去当志愿者，去参加各种学校和社会的服务活动、实践活动，而不是只做象牙塔里的"骄子"。

在大学的校园里有太多混日子的学生，他们过着同龄人向往的潇洒生活。但是也有在艰苦的学习中磨砺自己意志的学生，他们在忍耐的过程中培养了超强的毅力与过人的智慧。刚进入大学校园的学生们需要认真地思考这些问题。

四、规划未来，实现梦想

进入大学并不是大学生的最终目的，大学只不过是步入职业生涯前的充电加油场所而已，每个人最终都要走出校园去实现自己的梦想。如今大学职业生涯规划已越来越引起大一新生的关注。

规划职业生涯包括规划近、中、长期的职业目标，培养实现目标所需的能力和条件及根据个性、兴趣、人格特点、专业能力和社会需求调整自己的计划和目标。具体来说可以分为以下几步：

（1）规划职业的第一步是全面审视自己，正确地自我评价，知道自己的兴趣、能力、价值观、理想、优势和劣势。在大学期间挖掘出真正令自己感兴趣的领域，从而确定自己的职业方向。

（2）为自己的规划目标设计几种方案，研究每个方案所需要的能力和条件。当然任何一个方案都应根据自己的专业特点而设计，因此，如何基于自己的专业进行择业，正是每个大一新生应该认真思考的问题。了解专业特点及各专业主要面向的职业领域，是规划目标设计的前提。在明确自己想干、能干的专业领域的同时，依据社会需求确定最佳方案。

(3) 了解各个职业目标的具体要求，制订具体执行计划，并根据社会需求调整方案和计划，以适应职业发展的需要。

(4) 参加与自己的职业目标相关的实习，提高自己的能力，对职业规划有直观的了解。这里要特别指出的是，无论你的职业规划如何，有些能力是必备的，这也是大学中出现考证热的原因所在。通常认为，有些属于必考之证，如大学英语四、六级考试，全国计算机等级考试，公务员资格考试，会计专业技术资格考试，教师资格考试等。

第二节　大学生活面面观

一、衣着得体

一个衣着整洁、大方得体的大学生能给老师和同学留下良好的第一印象，这对于校园内人际交往的开展非常有利。

（一）大学生着装原则

(1) 健康最重要。健康的服装要满足以下要求：宽松舒适、透气性好、吸水性强、不含刺激性物质。所以棉、麻等天然纤维衣物是最理想的选择。

(2) 盲目追求流行要不得。服饰业是变化最快的行业，每一年、每一季都在推陈出新。正在求学阶段的大学生，追赶流行是不理智的。与其买一些压箱底的“潮货”，还不如添置耐穿又耐看的永不过时的经典必备款，如运动装、T恤衫、牛仔裤、运动鞋、正装西服、夹克衫等。

(3) 遵循 TPO 原则。即穿衣服要和时间（Time）、地点（Place）、场合（Occasion）相匹配。上课时不要浓妆艳抹、不要穿吊带背心、不要穿拖鞋短裤，社团面试时不要穿得比学长更像学长。

(4) 注意色彩搭配。别人看你的穿着首先看到的是色彩，其次才是款式。没有永远流行的款式，但是有永远流行的颜色，即黑、白、灰三种颜色。这三种颜色被称为“安全色”，很容易就能配合其他颜色营造出各种好的效果。

(5) 不能总穿一套衣服。就算你很喜欢这套衣服，它也确实很漂亮，但请记住，两套衣服轮流穿一星期比一套衣服连续穿三天，更加让人觉得整洁、有美感。

（二）改变稚嫩装扮，注意仪容

不少大学生会因为被别人误认为是高中生而苦恼，似乎总是脱不了稚气，其实很大程度上与个人的着装习惯有关。

（1）背书包，尤其有卡通图案的那种背包。只要你留心观察高年级的同学，就会发现女生都会用挎包、提包，男生则是用休闲斜挎包、休闲背包或黑色手提包。提包不仅可以装书，还能起装饰的作用，所以不要再背标准的书包。

（2）童稚型打扮，如穿有卡通图案的 T 恤、女生戴五彩缤纷的头饰等。大学生不是不能走可爱风，但应是区别于青少年的、成熟式的可爱，而不是从头到脚的、夸张式的可爱。大学生的风格应是偏成熟、高雅的学院风格，过于童稚的打扮明显不搭调。

（3）仪容整洁必不可少。坚持定期洗澡、洗头、洗脸，勤剪指甲，注意口腔卫生……这些细节不能忘记，细节决定成败。想象一下，你穿了一身得体的衣服在交际场合，但身上有浓烈的汗味，或衣服上落了很多头皮屑，或头发油腻不清爽，或口腔气味很浓，那是多煞风景的一件事。

所以，每天出门前花几分钟时间照照镜子，看看自己的脸是否干净，头发是否干净并梳理好，衣服是否整洁。确定自己不会失礼后，再自信地走出去。

二、健康饮食

中国向来以美食闻名于世，中华美食文化博大精深。大学校园的饮食更是花样繁多，校园周边的餐馆随处可见。处在快速成长期的大学生“能吃是福”，因为身体是革命的本钱，但要吃出健康，选择健康饮食需要的是理性和意志。

1. 用餐时间

早餐 7 点左右、午餐 12 点左右、晚餐 18 点左右。根据人体消化系统运行规律，混合食物在胃里停留的时间通常为 4~5 个小时，因此，两餐的间隔时间为 5 个小时左右。用餐时间、用餐次数要有规律，“人是铁，饭是钢，一顿不吃饿得慌”，说的就是这个道理。

2. 三餐的合理安排

民间“早饭要吃好、午饭要吃饱、晚饭要吃少”的说法，其实是很有道理的。一日之计在于晨，饿了一夜的我们需要一顿营养丰富的早餐，帮助我们开始一天紧张而忙碌的学习生活，这时吃点奶类食品最好。从早餐到晚餐的时间很长，白天的活动量又大，所以中餐要吃得饱饱的，而且质量要高，才能保证一天精力充沛。晚餐可以少吃一些，以清淡、容易消化为原则。但是大学生们晚上还要学习或者参加各种社团活动，所以可以考虑睡前 2 小时左右到食堂吃点夜宵。

3. 饮食中要注意的几个问题

（1）女生为减肥、男生为睡懒觉而不吃早餐，这是非常错误的一种做法。经过一夜和一上午的漫长时间，我们的体能消耗太大，没有营养的补充，不仅对身体，如胃、肠道的损害非常大，容易造成低血糖的毛病，而且达不到减肥的目的。科学家研究表明，不吃早餐只能使身体长得更胖。记住，必须按时吃早餐，准时上课。

（错误减肥方式——绝食）

（2）减肥不是靠节食、吃减肥药就能实现的。激进的减肥方法会对身体造成巨大的伤害。正确的减肥方法应该是合理控制饮食和有规律的运动健身。

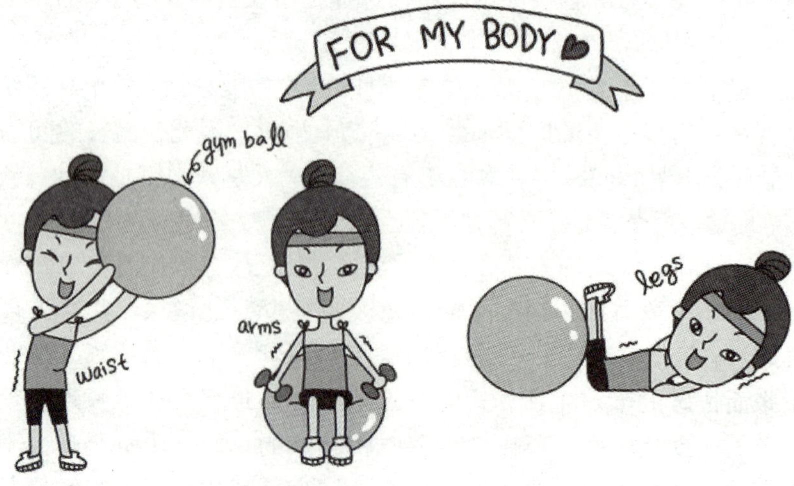

（正确减肥方式——运动）

（3）大学校园里的餐饮种类非常丰富，几乎可以满足各种饮食习惯的学生的要求，而且校园里的食堂是学校管理部门重点监控的地方。无论是食品卫生还是食品价格都是比较合格、合理的。但校园周边的餐馆就不能保证卫生和价格公道了，还是在校内用餐吧！

三、爱舍如家

离开了家，告别有父母在身边照顾的幸福生活，大学生们只身来到陌生的城市，独自开始崭新的大学生活，宿舍就是大学生的第一个家。大学生们要开始过一种全然不同的集体生活，和几个陌生的同学开始朝夕相处的日子。良好的宿舍关系是搞好学习和工作的基础，如果宿舍关系不融洽，生活得不开心，就别谈好好学习和工作了。

首先要明确，自我中心主义是集体生活的大忌，必须摒弃。相信有不少大学新生都是独生子女，在家爷爷奶奶宠着，爸爸妈妈爱着，人人都视你为掌上明珠，事事都以你为中心。但你要想到，你是家里的宝，宿舍同学又何尝不是，所以不能要求别人事事迁就你，要学会尊重、宽容、忍让、关心他人，这是你成长必经的一课。

（一）宿舍关系就是一个先热后冷，最后再回温的变化过程

宿舍关系融合是所有新生都会面对的问题，原本都是素不相识的陌生人，突然要一起生活，心理、行为上一时难以适应是可以理解的，所以要想办法加快大家的融合。其实诀窍很简单，就四个字：集体行动。一起吃饭，一起参观校园……如果是女生，可以全宿舍一起去逛街，男生的话，来场篮球会是个不错的选择，还可以叫上旁边宿舍的学生加入。想尽一切办法让大家熟悉起来。

随着时间的推移、宿舍成员交往的深入，最初的陌生感渐渐消失，一个个新生都有可能慢慢地暴露身上的缺点。当很多问题出现、矛盾重重的时候，一不小心就会爆发“世界大战”。经过前一段的相处，每个人都在自己心中给其他舍友打出了分数，不少宿舍开始出现分化，形成两个人或三个人的小团体，小团体内会互诉心事、互通有无，而对于小团体之外的宿舍成员态度就明显冷淡。另外，随着班级、社团、院系等各项学习、活动的开展，大家的社交活动不再仅限于一室之内，会结识很多宿舍以外的同学、朋友，开始有各自的社交圈子，宿舍集体行动变得越来越少。

宿舍内的冷战和暗战，最后或不了了之，或升级为明战而爆发，个别极端的例子会选择另觅宿舍。无论如何，一切最终都会归于平寂。经过生活的洗

礼，每个人都在成长和成熟，大家都会慢慢地悟出相处之道，不再那么事事较真。况且那么长时间的相处，可以说彼此都是知根知底，也习惯并接受了其他人的生活习惯。大家真正懂得尊重和忍让，气氛有点像回到最初相识之时。另外一个原因是大学时间飞逝，随着离别越来越近，大学生会变得珍惜身边的人和事，宿舍关系即为其中之一。宿舍聚餐、卧谈会等集体活动又“重出江湖”，只是大家谈话的内容会更感性，加入了回忆、祝福之类的内容。

（二）宿舍生活中要注意的几点

（1）尊重。要想别人尊重自己，先要学会尊重别人。大家都是同学，是完全平等的个体，不能因为财富、籍贯等差异而轻视任何一个宿舍成员。特别是宿舍有家庭贫困的同学时更要注意，这些同学通常会比较敏感，同室舍友在言谈举止上要多留心，避免给别人造成不必要的负担。

（2）宽容。宿舍成员来自五湖四海，有着不同的生活习惯，难免会有一些磕磕碰碰，其实细究起来不外乎一些鸡毛蒜皮的小事，要理解对方并非有意为之，试问谁会故意惹人讨厌？可以采取合适的方式处理，如私下和他单独谈谈，千万不要因一时冲动起正面冲突，退一步海阔天空。

（3）互助。每个人都会遇到困难，都会有需要他人帮助的时候。生病时需要照顾，考试成绩不佳时需要安慰，失恋时需要人开导……大家都是离家在外的孩子，互相伸出温暖的手，让离家的日子不再寒冷。

（4）友爱。中国人向来有“缘分”一说。大家由天南海北聚到这个小小的宿舍，是一种难得的缘分，更何况还要一起度过人生极其宝贵的大学时光，应该好好珍惜这份缘，用心、用爱去相处，你会多几个兄弟或姐妹。

面对崭新的宿舍生活，新生不要觉得不耐烦甚至恐惧，要知道度过大学时光，就要走入社会，那里才有真正复杂的人际关系、艰深的相处之道，如果连宿舍关系都处理不好，将来怎么办呢？利用大学时光，好好学习与人相处之道，用心“经营”宿舍关系，爱舍如家，让它成为大学里温暖的家！

四、安全出行

大学生是祖国的未来和希望，所以大学生的交通安全需要全社会的共同关注。大学生自己在校园内外的道路上行走或乘坐交通工具出行时，也应时刻注意自身的安全。一个小小的意外，有可能造成严重的后果。

（一）校园内发生交通事故的主要原因

（1）注意力不集中。学生思想上麻痹，总认为在校园内骑车和行走比在公路上安全，因此，在校园内行走时或看书、听音乐，或左顾右盼、心不在焉。

（2）在路上嬉戏打闹或进行球类活动。大学生精力旺盛、活泼好动，如果在行走时不注意安全，蹦蹦跳跳，就增加了发生事故的危险。

（3）骑“飞车”。一般高校校园面积都比较大，宿舍与教室、图书馆、食堂等之间的距离比较远，所以许多大学生都购买了自行车、电动车甚至是摩托车。有的学生在课间或下课时骑行在人海中，为展示技艺高超而“飙车”，还有的在车上超载同学，殊不知就此埋下祸根。

（二）校园外常见的交通事故

（1）大学生空闲时间较多，因此会到市区购物、观光、访友。市区车流量大、行人多，各种交通标志眼花缭乱，与校园相比，交通状况更加复杂。若缺乏通行经验，发生交通事故的概率会很高。

（2）大学生寒暑假离校返校、外出旅游、社会实践、寻找工作等活动中，乘坐各种交通工具，也有危险的存在，集体活动时更要注意出行安全。

（三）交通事故的预防

（1）提高交通安全意识。不管是校内还是校外，发生交通事故的原因几乎都是思想麻痹、安全意识淡薄。乘坐交通工具，依次上下，不挤不抢，车辆行驶中不把身体伸出窗外。乘坐长途客车、中巴车不能贪图便宜，不要乘坐车况不好的车，更不要乘坐“黑巴”“摩的”，要到正规的汽车站乘车。乘坐火车、轮船、飞机时，必须遵守车站、码头和机场的各项安全管理规定。

（2）自觉遵守国家和学校的交通法规。在道路上行走时，集中精力“眼观六路、耳听八方”。不与机动车抢道，不突然横穿马路、翻越护栏，过街走人行横道。不闯红灯，不进入标有“禁止行人通行”“危险”等标志的地方。

（四）发生交通事故的处理办法

（1）及时报案。无论是在校内还是校外，一旦发生交通事故，首先应及时报案，这有利于事故的公正处理，千万不要与肇事者“私了”。若在校外发生交通事故，除及时报案外，还应与辅导员或学校取得联系，寻求学校的帮助。

（2）保护现场。事故现场的勘查结果是划分事故责任的主要依据之一，若现场没有保护好，会给交通事故的处理带来困难，甚至造成“有理说不清”的情况。

（3）控制肇事者，记住车牌号。若肇事者想逃脱，一定要设法控制，自己不能控制可以寻求周围群众的帮助，若实在无法控制就一定要记住肇事车辆的车牌号码和其他特征，如颜色、车型等。

五、时间规划

大学的时间其实很短暂，一眨眼就到毕业了，这是很多经历过大学的人的真实感受。一个真正充实的大学生活，学业有成、建立了良好的社交网、社团活动做出了成绩、学好英语和计算机、用自己的智慧和劳动赚了第一笔钱……要管理好自己的时间，规划是关键。

时间规划分为长期规划和短期规划。长期规划是以学年和学期为单位，列明每一学年或每一学期要达到的目标。短期规划包括月规划、周规划和日规划，是长期规划的层层细化。不积跬步，无以至千里；不积小流，无以成江海。只有做好了短期规划，才能真正实现长期规划。

（一）制定时间表的原则

根据实际情况，科学制定好自己的短期或长期规划的时间表，特别是每天的时间表，应遵循以下几项原则。

（1）从实际出发制定任务。除必须完成的课堂学习外，任务不能太重，否则会完成不了，造成任务堆积，既影响后面的工作，又打击自己的积极性；也不能太轻，否则对自己的压力不大，达不到有效利用时间的目的。

（2）因人制宜。每个人的精力充沛或疲惫的时间段不同，每个人的学习习惯也不同，应该根据自己的具体情况做好时间安排。

（3）灵活安排、主次分明。每天要留出一些机动时间，因为随时可能有新的事情要做。但事情总有轻重缓急，重要的事情、着急的事情先做。

（4）充分利用好时间的“边角料”。用零碎的时间背背英语单词、读读报纸杂志。

（5）善于总结。每天留出一点时间，晚上睡觉前最好，总结一下一天的学习生活，反问自己：“这一天我都做了什么？”古人说得好：“君子博学而日参省乎己，则智明而行无过矣。”

（二）如何提高学习效率

（1）抓住每天的最佳学习时间段。人一天有 4 个学习的高效期：清晨起床后，上午 8 点至 10 点，下午 6 点至 8 点，入睡前 1 个小时。这 4 个时间段分别对我们记忆、分析、整理、复习有特别好的效果，一定要利用好。

（2）劳逸结合。午睡是白天恢复精力最好的方法，不要浪费掉。晚饭后的适度运动既能锻炼身体，又能增进同学友谊，还能用充沛的精力度过晚上的学习时光。劳逸结合、一张一弛，是文武之道。

（3）交叉学习效果好。大脑长时间接受同一类信息刺激，就容易产生疲劳，降低学习效率。应该及时转换学习内容，注意各门学科交替进行，特别是文理交替。学习之余再做一些文体活动，适度调节精神，能够更好地提高学习效率。

（4）养成学习的时间规律。形成了规律，学习的心理和生理上产生了适应性，那么在固定的时间内学习的效果一定会超出随机学习的效果。

六、我们的班级

大学的班级跟中小学的班级不同。不是所有的课都在固定的教室，有可能上一节课换一个教室；班内同学来自全国各个省市，不再像中学时大家都是同乡或近邻；辅导员不会跟前跟后，事事皆管，而且他一般不会给学生上专业课。在大学，班级变成一个相对松散的集体。正因为大学班级的特点，所以在班级交往方面给大家提出如下建议。

（一）重视新生见面会

班级新生见面会上，同学们的自我介绍要用心听，记住每位同学的名字，这是一种礼貌和尊重，而且，这有可能是你与某些同学在大学期间唯一相识的机会。见面会也是新生展示自己才华的一个重要场合，辅导员和同学也许就是在这个见面会上发现了你的能力，你也因此脱颖而出。

（二）积极参加集体活动

积极参加班级活动、班级旅行、野外郊游、节日聚餐、联谊晚会……大一的班级活动尤其丰富，意在让大家尽快熟悉，形成一个团结、紧密的班集体。

因为平时上课位置不固定，大家多与宿舍同学坐一起，除个别积极分子外，大部分同学交流的机会不多，所以班级活动是班级大融合的最佳途径。因为是以“玩”为主题，气氛欢快，同学们都能放得开，而且都是年轻人，很快就能玩到一起。如果没有在大一时形成团结的班集体，同学们没有归宿感，由于大学是一个开放的环境，学生的自主独立意识逐渐增强，那班级越往后会越松散。所以每一位新生都应该有集体意识，以实际行动促进班级集体的团结。

（三）找准自己的位置，各司其职

如果你有幸成为班委的一员，一定要联合其他班干部共同做好班级的建设工作。辅导员事务繁多，一般只能履行指导、建议的职责，真正班级的组织、管理、维护等各项工作应该落在班委的身上。班委就是班级的核心，是全部同学的领导者和服务者。大学里一个班级团结与否，班委起着决定作用，但其他同学的配合也相当重要。所以，无论是班委成员还是普通同学，大家各司其职，做好自己的本职工作，团结、融洽的班集体就能建立起来。

（四）尽心尽力

当需要你为班级出力的时候，一定要挺身而出。例如运动会、文艺演出等。千万不要因为怕苦、怕累，甚至是不想“抛头露面”的原因而拒绝。作为班级的一员，对班级要有一种责任感。而且在你为班级荣誉而战的时候，会收获掌声与欢呼声，你也会为自己的行为感到自豪。

（五）调整心态

有个别同学因为不适应大学这种新的班级模式，或者是过度留恋中学班级和同学，难以融入新的班集体，这样对其自身的发展会产生消极影响。因为大学同一个班级的同学是同一个专业，大家成为同行的可能性非常大，毕业后许多同学都会留在本市发展，在大学时建立起来良好的关系，将来毕业工作后也能够互帮互助。无论着眼现在，还是放眼未来，良好的班级关系都是必须有的。

七、校园十项文明礼仪规范

（一）接访礼仪

（1）尊重来宾（领导、专家等），在校园公共场所遇见来宾应主动停下，微微鞠躬问好。如遇到来宾提问，要彬彬有礼，认真回答。

（2）来宾进入教室、会场等场所时，要起立鼓掌欢迎他们的到来，保持良好的精神状态，遵守教室、会场纪律，不吸烟，不交头接耳，关闭通信工具。结束时，要起立鼓掌欢送来宾，待来宾离开后再离开。

（3）遇有来宾召集访谈，应按约定的时间提前 15 分钟到达指定地点，衣着整洁、朴素大方，举止文明、行为得体，关闭通信工具。要把握语言技巧，发言要有准备，不说不负责任的、有损学院形象的话。

（4）来宾进入教室、学生宿舍时，学生应主动起立问好并让座，来宾离开时起身送行。

（二）穿着礼仪

（1）着装整洁，大方得体，不穿奇装异服和过分暴露的服装。

（2）不佩戴与学生身份不符的饰物，上课不穿拖鞋。

（3）男学生不蓄长发或染彩色头发、不佩戴耳环，女学生不留奇怪发型或染彩色头发。

（三）言行礼仪

（1）语言文明，使用礼貌用语。如：您好、请（进、坐）、欢迎您（光临、参观、指导）、谢谢、没关系、对不起、再见、晚安等。音量适中，讲普通话，不说粗话。

（2）男女交往举止得体，在公共场所的行为不超乎一般同学关系。

（3）上下楼、过楼道靠右行；出入各功能室轻声慢步；起身和落座时不发出声响；抽屉、窗户要轻轻拉推；不影响他人，保持安静。爱护公物，讲究卫生，不践踏草坪；不在校园内乱写、乱画、乱张贴；不随地吐痰，不乱扔垃圾。

（四）尊师礼仪

（1）对老师要有礼貌，遇到老师主动打招呼，虚心听取老师教诲，接受老师教导，服从老师管理，不顶撞老师。

（2）进办公室要喊“报告”，得到同意后方可入内；问老师要用“请问”，老师回答后要道谢，说“再见”后再离开；不随便翻阅老师办公室的东西；不私自打开老师的计算机或抽屉。

（3）与老师交谈时，要起立并主动给老师让座。

（4）老师在办事或与别人在交谈时，不可随意打扰老师，应耐心在一旁等候，等老师办完事或谈完话后再找老师。

（五）课堂礼仪

（1）应按要求提前进入教室，准备好课堂用品。

（2）上课不迟到、不早退，关闭通信工具。学生若上课迟到，应在门口喊“报告”，得到老师允许后进入教室，迅速坐好，应尽量减少对课堂秩序的干扰。

（3）上下课要互致问候，上课开始时，老师说“上课”后，班长喊“起立”，全体学生起立向老师致敬，说“老师好”，老师微微鞠躬致意，回应说“同学们好”。

（4）学生在课堂上准备提问或回答问题先举手，得到允许后，方可站起回答；回答问题时要用普通话，站姿、表情大方，声音清朗洪亮，其他同学应保持安静，仔细聆听，问题回答完毕，老师示意后方可坐下。

（5）晚自习时间学生不要在教室或附近走廊高声谈话、唱歌、接打电话。

（6）自觉维护教室的卫生，不在教室内吸烟、吃早餐或其他食品，更不能将食品包装袋丢在教室抽屉里。课前值日生要认真清扫课桌、擦净黑板，不乱扔杂物、不随地吐痰，课后要清理抽屉，打扫教室内外卫生；白天和晚上离开教室要关灯。

（7）对教学过程中所用的仪器、设备、设施等公共财物，要珍惜爱护，做到不在课桌及墙壁乱写、乱涂、乱刻和乱踏；不私自拆卸、损坏或取走教室内的任何设备。

（8）在实验室、实训室上课要听从老师指导，遵守实验室、实训室的规章制度，实验、实训结束后，要自觉放好仪器设备等。

（六）会场礼仪

（1）参加会议、听报告要在规定时间提前到达，按指定地点整齐就座，保持安静，不早退，不随便进出。当报告人到来时，报以热烈的掌声；会议结束后要有序退场。

（2）在报告过程中，应端坐静听，不交头接耳，不窃窃私语，不打瞌睡；报告人说到精彩处应鼓掌表示赞同；报告结束，应以长时间的热烈掌声表示感谢。

（3）会议如有上级领导或客人参加，应在他们到达时以热烈的掌声表示欢迎，离场时应让领导或客人先走，并以热烈的掌声欢送。

（4）不在公共场所吸烟。

（七）餐厅礼仪

（1）节约粮食，文明就餐，不相互喂食。

（2）维护食堂秩序，排队打饭，相互谦让，饭后自觉送餐盘。

（3）维护食堂卫生，不随地吐痰，不乱扔杂物。

（4）尊重食堂工作人员的人格和劳动，不与食堂工作人员争吵，不得辱骂、殴打工作人员，不得有其他无理行为。

（八）图书馆礼仪

（1）进馆读者需讲文明礼貌，衣装整齐，不穿拖鞋入馆。

（2）自觉维护图书馆的学习秩序，保持安静，不得大声喧哗，并将手机及其他电子产品调整为无声状态。馆内请勿拨打、接听手机，不做与学习无关的事情。

（3）维护馆内清洁卫生，不在馆内吃东西、喝饮料，不随地吐痰和乱扔废弃物。

（4）对于图书馆里的书刊、报纸，阅后应及时归位，不要一人同时占用两本以上的书刊，以免妨碍他人的借阅。

（5）爱护书刊资料，请勿涂画、撕页、污损或带走，不得在图书、杂志上乱写乱画。

（6）严格遵守图书馆各项规章制度，尊重图书馆工作人员，服从工作人员管理。

（九）交往礼仪

（1）同学之间交往应使用礼貌用语，说话态度诚恳、谦虚，语调要平和，听他人说话要专心，不轻易打断话题。

（2）尊重他人，不给别人取绰号或叫别人的绰号，不说使他人感到伤心、羞愧的话。

（3）同学之间互助互爱，主动帮助有困难的同学。

（4）向他人借东西，要先征得其同意，对他人东西要特别爱护，应按时归还。

（5）不在他人面前说长论短、搬弄是非。

（十）宿舍礼仪

（1）宿舍内要保持整洁，箱子、衣服、鞋帽、日用品等应放在指定位置。

（2）不往窗外或楼下倒水、扔东西、吐口水。

（3）按时就寝，不得进行任何影响他人休息的活动。

（4）同学之间要和睦相处，互相帮助。

（5）在上课、就寝时间，学生不得在宿舍内喝酒、打牌、弹奏乐曲、玩网络游戏，或有妨碍他人学习或休息的其他行为。

（6）学生到他人宿舍，应先敲门，得到允许后方可进入；非经宿舍管理人员同意，男、女生不能互串宿舍。

（7）接待师友来访态度要热情；在学生宿舍亲友来访以引至室外交谈为宜；老师、同学、亲友来访，应热情接待，主动问候。

（8）开关门窗，用力要轻；损坏宿舍室内设施应主动赔偿。

八、现代人际交往信息平台使用礼仪规范

现代人际交往的途径和手段越来越丰富，除了传统的面对面对话、电话（手机）通话外，网络信息交流平台，如短信、飞信、BBS、E-mail、QQ（群）、微博、贴吧等网络交流方式也大量地运用在大学生的日常生活中。这些新型交流方式极大地提高了人际交流的广泛性、快捷性和便利性。

我们在面对面交往的时候往往会注意传统礼仪，在使用现代人际交往信息平台时，同样必须遵循基本的礼仪规范。

（一）网络礼仪规范

（1）遵守网络文明，恪守社会公德和国家法律，自觉抵制不健康、非法、低俗的网站和内容，明确上网的学习目标。

（2）维护网络安全，不破坏网络秩序，不侵犯别人的隐私。加强自我保护意识，不泄露自己的个人身份资料和隐私信息。

（3）合理控制上网时间，保持身心健康，网上游戏要有节制，不沉迷于虚拟空间。

（4）与他人进行网络交流时，语言规范、礼貌、友好，不使用攻击性、侮辱性语言。若有意见分歧，也应做到心平气和、以理服人。在网络交流中，不对不熟悉的人随意开玩笑，不搅乱或干扰他人正常的工作和生活。

（5）发表网络言论时，要对自己的言论负责。不利用网络造谣、诽谤、谩骂和制造流言，不发布不负责任的言论或对他人进行人身攻击，不泄露他人隐私，不发泄个人不满情绪。

（6）不制作或传播不良网络图文信息和计算机病毒等破坏性程序。

（二）手机礼仪规范

（1）拨打或接听电话时必须保持足够的耐心和热情。注意控制语气、语态、语速、语调，语言亲切、简练，礼貌、和气。

（2）要仔细倾听对方的讲话，一般不要在对方话没有讲完时打断对方。如实在有必要打断时，则应该说："对不起，打断一下。"

（3）对方声音不清楚时，应该善意提醒："声音不太清楚，请您大声一点，好吗？"谈话结束时，要说"再见"，并按照尊者为先的原则挂断电话。

（4）在公共场所接打电话（手机）时，应尽量降低音量，尽可能远离人群。

（5）上课应关闭手机，开会或其他重要活动应关闭手机或调为静音状态。

（6）发短信时必须用简短的文字把个人情况、事情梗概陈述清楚。

（7）在不能确认对方手机内是否储存自己的信息时，一定要自报姓名。

（8）要把事情做完整，有问有答，有始有终，接到短信需回复确认。

（9）不发无头无尾的莫名短信、没话找话的无聊短信。

（三）其他注意事项

（1）不要在网络交际平台上掉入骗子甜言蜜语的陷阱，不要与对方通信、电话联系、见面和交往，以免被一些社会骗子所骗，给自己造成极大的伤害。

（2）加强对个人隐私权的保护，谨防骗子利用各种中奖等诱饵来哄骗人们提供各种资料。对网上诸如借钱、中奖等信息提高警惕。

（3）谨防在网上被盗取 QQ 号后，骗子利用其好友群的个人信息，以生病借钱等各种借口去诈骗其好友的钱财。

（4）与老师进行交流时，如若不是急事，不要打手机。可先利用网络信息平台交流沟通，如 QQ 等，其次可用短信。如果事情非常紧急，可使用手机直接通话。

（5）如果自己有问题需要反映或没有得到及时解决，建议多和老师沟通，再在老师的指导下按正常途径逐级反映，不要随便采取过激行为，在网络上发表不负责任的言论。

（6）不要在网络上不负责任地发表触犯国家法律、有损国家、集体利益或他人利益的言论。网络监管部门运用技术手段很容易就能查找到言论的发布者，如果发布的信息违反了法律或相关法规，发布者将受到相关部门的严肃处理。

九、安全防范提醒

（一）在校时

（1）财物保管。寝室内不得存放大量现金，原则上现金不得超过 50 元，存折、饭卡及贵重物品，如计算机、商务通、随身听、手机、复读机等，应妥善保管，经常检查，发现被盗后应及时报案，保护好现场。存折及饭卡丢失后要及时挂失。

（2）生活场所安全。校内严禁打架斗殴，严禁敲诈勒索，严禁酗酒、赌博。严禁攀爬围墙、阳台窗户等，严禁观看淫秽电影，严禁传阅淫秽书刊。不要随意接待外来人员，未经许可不得留非本寝室人员过夜。

（3）防火意识。不要私接乱拉电线、插座，发生水电故障应及时报修，不要私自乱动。严禁损坏和玩耍消防设施、消防器材。烟火不要乱扔，不要点蜡烛，不要玩明火，发现火警及时报告。

（二）遇到不法侵害时

（1）保持冷静，如犯罪分子持有伤人的凶器，不要冒险反抗，在与犯罪分子周旋的同时，应注意利用任何可能的机会寻求帮助。

（2）记住犯罪分子的下列特征，这将有助于警方尽快破案，如犯罪分子的身高、体型、发型、肤色、年龄、衣着、口音、所用凶器，以及其他任何明显特征，如文身、黑痣或其他容易辨认的身体特征。

（3）注意犯罪分子逃走的方向，如果犯罪分子是乘车逃跑，应记下车牌号码、车型、颜色及车上喷刷的字样。

（4）尽快向保卫处报警或立即拨打“110”报警电话。

（三）外出时

（1）要注意交通安全、遵守交通法规，严禁在马路上追逐打闹或过马路时突然中途掉头行走。

（2）尽量避免携带大量现金或佩戴过多首饰。不可轻易外露钱财和贵重物品。

（3）尽量避免在黑夜或偏僻的地区独行，防止遭到侵害。

（4）在逛街时，请照看好自己钱物，如果有形迹可疑的人（包括小孩）始终跟随在你身后，更应提高警惕。

（5）当别人故意和你发生碰撞或将钱物丢在你的身边时，千万不可误入不法分子设置的圈套而上当。

（6）不能随便接受别人的食品、饮料或香烟，以防被麻醉而遭受损失。

（7）不能在校外餐馆、商店、网吧、游戏室随便赊账、欠钱，以免日后无钱还账，遭到债主的逼债。

（8）外出就餐特别要注意饮食卫生。不要贪图便宜购买腐烂变质、不清洁的食品。

（9）不能将身份证、学生证到处抵押，身份证遗失应尽快登报声明。

第三节　大学生活的独特之处

一、大学与中学学习大不同

大学学习与中学时期的学习相比，存在着许多不同之处，其中最主要的是学习内容、学习方法上发生了较大变化。

1. 变化一：内容多了

中学阶段，我们一般只学习十门左右的课程，而且有两年时间都把精力放到高考科目上了，老师主要讲授一般性的基础知识。而大学四年需要学习的课程在40门以上，每一个学期学习的课程都不相同，内容也较多，学习任务远比中学重得多。大学一二年级主要学习公共课程和基础课程，大学三年级主要学习专业基础课和部分专业课以及选修课，大学四年级重点学习专业课和进行毕业设计，并完成毕业论文。

2. 变化二：自习多了

中学里，经常有老师占用自习课，让同学们非常苦恼，大学里这种情况几乎不存在了。因为大学里课堂讲授相对减少，自学时间大量增加。同时，大学为学生学习提供了非常好的环境，大学有藏书丰富的图书馆，还有设备先进的实验室，还有丰富多彩的课外科研活动。

3. 变化三：老师管得少了

在学习方法上，中学时期，只要跟着老师走就可以了，一切听从老师指挥，老师教学生是“手拉手”领着教，而大学老师则是“老师在前，学生在后引着走”，提倡学生自主学习，课外时间要自己安排，逐渐地从“要我学”向“我要学”转变，不采用题海战术和死记硬背的方法，提倡生动活泼地学习，提倡勤于思考。

4. 变化四：讲课快了

大学教师讲课一是介绍思路多，详细讲解少。主要讲授重点、难点内容，而且许多教师都使用投影机、多媒体授课，实现了授课手段多样化，授课进度比较快，一节课可能要讲授一章或几章的内容。二是抽象理论多，直观内容少。三是课堂讨论多，课外答疑少。四是参考书目多，课外习题少。有的老师一节课讲两三个章节，听课的同学连翻书的时间都没有。

5. 变化五：没教室了

中学时期，我们有固定的教室、固定的座位，连听课的同学也是固定的，但是在大学里，每个班没有固定的属于自己的教室，有时前两节课可能在这一栋楼的某个教室学习，但后两节课又会到另一栋楼去听课，与自己一起上课的可能还会有不同专业的同学，上自习也要自己找教室。

二、遇到困难莫着急——过来人对你说

1. 大学的考试是什么样的

大学安排考试时间不同于中学，差不多拖2个星期，每天只考1科。说实在

的，有些课程不要占用很多时间复习，只要考前看看就行了，考过一门就放掉一门，不要太留恋。

2. 平常学习应该把重点放在哪些科目上

平时学习应该把重点放在一些主要的科目，比如英语、高数、专业基础课。大一的多数专业会碰到微积分、线性代数、微观经济学、宏观经济学、马克思主义政治经济学，这些就有点困难了，大家要加油学！英语分成精读、泛读、听力、口语。精读跟高中里差不多，注重语法词汇；泛读是看英文原著；如果听力你们觉得有点不适应，那平时就要多听听 VOA；口语课要保持活跃。

3. 搞好同学关系是成绩良好的基本保证

进入大学的第一件事就是把班级里的同学都认识一遍，虽然比较困难，因为有些同学较内向，但是当到了做书面作业或交考试作业时，你就知道这有多么好用了（有些人的笔记是非常清晰的）。

4. 参加社团会不会影响学习

大一的聚会和联谊（AA 制）特别多，一般都是些社团、同乡会等，你可随意参加，那些活动其实都不错，可以让你更加了解并适应大学生活，也扩大你的交友圈，当然也是打发时间的好办法。认识多一点的人对你帮助很大，他们能教会你很多东西，帮助你更好地成长，少走弯路。外地的学生可以利用大一的时间多出去走走，因为只有大一才有那么多的时间和心情。

5. 教材不一定买新的——借书或买旧书都是好选择

新生入学，可充分利用旧书（课本），从旧书市买或者找同乡的学长借。学长们都是很爱护师弟师妹们的！尽量别挂科！

三、如何对待专业课、公共课和选修课

有些新生进入大学后，由于填报的志愿有些盲目，在学习了一段时间后，发现并不喜欢本专业。现在很多高校已考虑到了这个问题，搭建了大平台，新生进校后不分专业，到了二年级才分专业、上专业课，所以你有很多时间来考虑志向。而许多大学普遍实行了学分修课，每星期的课由自己来选，一般分为专业必修课、公共必修课和选修课。

1. 专业课：学习目标要明确

不同专业的大学生有不同的专业课，但不同专业的大学生对待本专业课程的学习态度应该是一致的，那就是不管喜欢与否，都要尽力学好。在学习专业课时，学习目标要明确具体，以不断提高学习动机和学习兴趣，主动克服各种

学习困难，做到直接学习兴趣和间接学习兴趣相结合。

2. 公共课：认识到其实用价值

大学生对公共课的学习积极性普遍不如专业课，有相当一部分学生持消极应付的态度，学习兴趣主要看老师的教学水平，如果老师的课讲得生动活泼，他们就愿意听，也有兴趣学。但这种兴趣主要是直接学习兴趣，而且大多停留在较低水平上，只限于上课认真听讲，把听课当成了一种享受或是对专业课的调剂。

大学新生要充分认识到公共课的实用价值及其对自己的意义，部分实用性强的公共课（例如外语）要当成专业课来学习。

3. 选修课：杜绝“捞取学分”

大学生对待选修课的学习一般来说兴致较高，认为选修课可以开眼界、长见识，扩大自己的知识面。而且选修课的学习要求不严，大学生较少产生逆反心理。但选修课在大学生心目中的地位和分量毕竟不如专业课和公共课。要杜绝为了捞取学分选修某些课程以及“选而不修”的不正常现象。

第四节　调整心态，迎接大学生活

大学三年里会有疼痛、会有失落、会有压力，更会有约束、有义务、有责任。你的家境也许很富有，也许很贫穷，但你们父母的心思都是一样的，那就是非常渴望你能在大学里深造，提高你的文化、提升你的品位、增加你的素养、增强你的能力、美好你的未来、改变你的家境、荣耀你的家乡。时光荏苒，岁月如梭，文明在心，礼貌在口，学而不懈，思而不怠，闻过则喜，有过则改，学而不止，奋斗不已，用举止彰显你的魅力，用话语彰显你的风采，用成绩彰显你的实力。

对大家来说大学是一个新环境，大学学习也是一种新学习，大学生活是人生一个重要的新起点。新环境要有新的适应，新起点要有新的姿态。当你站在这个新的起点，即将开始新的征程时，在欣喜之余，你是否有了自己新的目标、新的奋斗方向呢？大学生活该如何度过？又如何才能精彩地度过？学业结束之后何去何从，是再深造还是就业？是做一个金领、白领还是蓝领？这一串串的问题伴随而至，你思考了吗？你规划了吗？如果不想给自己留下遗憾，那就让我们一起从现在开始吧！以下几点建议，希望对你们即将开始的大学生活有所帮助。

一、积极调整心态，实现角色转变

大学开启了一种新的生活方式，需要有新的视野、新的思维、新的目标以及相应的行为选择，所以大学并不意味着放松，相反它是一种新式紧张的开始，每一个同学对此应有充分的心理准备。

新的生活、新的学习方式和新的环境，需要积极调整心态，快速实现角色转变，抛弃一切不利的情绪，需要树立远大的理想，付诸坚定的行动。总之，不管以前如何，现在站在了同一起跑线上，让我们一起手拉手，肩并肩，开始新的征途！

二、掌握新的学习方法，培养良好的自学能力

1. 确定明确学习目标

科学的学习规划要建立在充分了解自己现状的基础上，设计一个切实可行的目标。

2. 更新学习方法

要适应大学老师的教学方法，主动地去学习，没有人会在身边提醒督促。对课程学习的重点难点，老师们有的会直接指明，有的只讲知识，不会明确指出重点难点，这需要自己去体会总结提炼。学习以学生为主体，主要还是靠学生自己。因此，培养良好的自学能力是大学学习成功的关键。

3. 改变应试的学习方法

学习不单是为了考试，而是为了个人综合素质的提升，好的学习成绩，足以展示自己的尊严，增强个人的自信心。只有胜任技术岗位的需要，掌握职业技能，将来才能立足社会，撑起一片自己的天地。

4. 扎实学好专业理论课

扎实学好专业理论课，掌握专业技能，这是突破人力市场竞争的核心竞争力。平时养成多思勤问的习惯，刻意培养自己的逻辑思维和发散思维，不断从老师的言传身教中汲取知识，多与老师沟通交流，请教问题。

5. 学习大学的思维方式和内涵精神

大学不仅要学知识技能，还要学大学的思维方式和内涵精神。你的一言一行、一举一动都折射出一种神气，能够充分展现出你是一名优秀的大学生。

三、培养良好的自我管理能力

1. 培养良好的生活习惯

良好的日常生活习惯是符合社会的道德规范，是有益于个人身心健康的。注意劳逸结合，合理安排业余生活，才能相得益彰。

2. 合理利用网络资源

充分发挥网络资源好的作用，做到合理利用网络资源。

3. 合理规划日常消费

现在的大学生在消费上无节制现象比较严重，存在无端消费、相互攀比、奢侈浪费、过分追求时尚和名牌的现象。应积极锻炼自我管理能力，合理支付，将精力集中到学业上。

四、积极参与实践，提升综合素质

现代社会需要的是复合型人才。新学期伊始，校园内各个社团的纳新活动也紧锣密鼓地展开了。不要盲从，要先摸情况再着手，可根据自己的兴趣、爱好、特长以及发展目标，选择适合自己的社团或组织。一旦参与了就要处理好学习与社团工作的关系，使自己的多方面能力得到锻炼。

无论做事还是做人，品行是第一位的。增强思想道德修养，高度关注个人修行和自觉践履。无论走到哪里，无论学识有多高，都要选择一个方向，正确的选择就是成功的一半，选对了就要持之以恒地走下去，要不怕艰难困苦，不畏挫折失败，苦难是人生的财富，磨砺是成功者的必修课。

借助各类提升自己的平台，参与各类各级竞赛，在时间和条件允许的情况下，参加一些有益的社会实践活动，不断提升自己的综合素质，做到德才兼备。

五、科学规划职业生涯

职业生涯是一个人一生在职业岗位上所度过的、与工作活动相关的连续经历，并不包含在职业上的成功与失败或进步的快与慢。也就是说，不论职位高低，不论成功与否，每个工作着的人都有自己的职业生涯。一个完备、合理的规划对同学们的发展往往能起到事半功倍的作用。

合理的职业生涯规划包含三要素。一是对职业的全面认识。有了明确的职业目标其实还是不够的，还应对该职业有一个全面的认识，才能让自己的努力不会徒劳。比如有的同学一心想从事网站前台编辑，结果学会了 Dreamweaver，人家要的却是 Photoshop 技能，这就是没有全面认识想要从事职业的后果。二是认真的自我剖析。知彼知己，方能百战百胜。喜欢某个职业，但自己究竟能不能胜任呢？这就要求对自我有一个认真的剖析、判断。如喜欢做营销，但是自己身体不好，或是性格内向，就未必能胜任营销这个职业。要充分考虑到自己的性格、所学的专业知识和想要从事的职业交集到底有多大。三是合理的长短期计划。针对自己的职业需求，就要做合理的短、中、长期的职业生涯规划，让自己的学习生活有条不紊、充实而不乏动力。规划未必非要做到年、月、周、天那样全面，但是一定要有持续性和可行性，紧凑而不乏灵活，持之以恒必能积累一定的职业资本。

六、了解实现就业的途径

学业结束，无论是选择升学继续深造，还是直接步入职场，要做到顺利实现就业，大致有以下渠道。

（1）通过招聘会，毕业生与用人单位双向选择。

（2）毕业生主动参加一些社会招聘活动或直接到用人单位应聘。

（3）毕业生参加大学生志愿服务“西部计划”、“三支一扶”等基层项目。

（4）应届毕业生应征入伍。

（5）互联网上求职。

（6）内在关系的举荐。

（7）自主创业。

总而言之，大学不是奋斗的终点，而是生命历程中新的起跑线，是人生中永远值得回忆的阶段。有了一个新的开端，便有了一个美好的希望。同学们，让我们携起手来，精彩三年，共同见证大学生活的光辉岁月！

第三章

规 章 制 度

第一节　国家法规文献

一、高等学校学生行为准则（教育部文件：教学〔2005〕5号）

（一）志存高远，坚定信念。努力学习马克思列宁主义、毛泽东思想、邓小平理论和“三个代表”重要思想，面向世界，了解国情，确立在中国共产党领导下走社会主义道路、实现中华民族伟大复兴的共同理想和坚定信念，努力成为有理想、有道德、有文化、有纪律的社会主义新人。

（二）热爱祖国，服务人民。弘扬民族精神，维护国家利益和民族团结。不参与违反四项基本原则、影响国家统一和社会稳定的活动。培养同人民群众的深厚感情，正确处理国家、集体和个人三者利益关系，增强社会责任感，甘愿为祖国、为人民奉献。

（三）勤奋学习，自强不息。追求真理，崇尚科学；刻苦钻研，严谨求实；积极实践，勇于创新；珍惜时间，学业有成。

（四）遵纪守法，弘扬正气。遵守宪法、法律、法规，遵守校纪、校规；正确行使权利，依法履行义务；敬廉崇洁，公道正派；敢于并善于同各种违法违纪行为作斗争。

（五）诚实守信，严于律己。履约践诺，知行统一；遵从学术规范，恪守学术道德，不作弊，不剽窃；自尊自爱，自省自律；文明使用互联网；自觉抵制黄、赌、毒等不良诱惑。

（六）明礼修身，团结友爱。弘扬传统美德，遵守社会公德，男女交往文明；关心集体，爱护公物，热心公益；尊敬师长，友爱同学，团结合作；仪表整洁，待人礼貌；豁达宽容，积极向上。

（七）勤俭节约，艰苦奋斗。热爱劳动，珍惜他人和社会劳动成果；生活俭朴，杜绝浪费；不追求超越自身和家庭实际的物质享受。

（八）热爱生活，强健体魄。积极参加文体活动，提高身体素质，保持心理健康；磨砺意志，不怕挫折，提高适应能力；增强安全意识，防止意外事故；关爱自然，爱护环境，珍惜资源。

二、国家教育考试违规处理办法（教育部 2004 年 5 月 19 日发布）

第一章 总 则

第一条 为规范对国家教育考试违规行为的认定与处理，维护国家教育考试的公平、公正，保障参加国家教育考试的人员（以下简称考生）、从事和参与国家教育考试工作的人员（以下简称考试工作人员）的合法权益，根据《中华人民共和国教育法》及相关法律、行政法规，制定本办法。

第二条 本办法所称国家教育考试是指普通和成人高等学校招生考试、全国硕士研究生招生考试、高等教育自学考试等，由国务院教育行政部门确定实施，由经批准的教育考试机构承办，在全国范围内统一举行的教育考试。

第三条 对参加国家教育考试的考生以及考试工作人员、其他相关人员，违反考试管理规定和考场纪律，影响考试公平、公正行为的认定与处理，适用本办法。对国家教育考试违规行为的认定与处理应当公开公平、合法适当。

第四条 国务院教育行政部门及地方各级人民政府教育行政部门负责全国或者本地区国家教育考试组织工作的管理与监督。

承办国家教育考试的各级教育考试机构负责有关考试的具体实施，依据本办法，负责对考试违规行为的认定与处理。

第二章 违规行为的认定与处理

第五条 考生不遵守考场纪律，不服从考试工作人员的安排与要求，有下列行为之一的，应当认定为考试违纪：

（一）携带规定以外的物品进入考场或者未放在指定位置的；

（二）未在规定的座位参加考试的；

（三）考试开始信号发出前答题或者考试结束信号发出后继续答题的；

（四）在考试过程中旁窥、交头接耳、互打暗号或者手势的；

（五）在考场或者教育考试机构禁止的范围内，喧哗、吸烟或者实施其他影响考场秩序的行为的；

（六）未经考试工作人员同意在考试过程中擅自离开考场的；

（七）将试卷、答卷（含答题卡、答题纸等，下同）、草稿纸等考试用纸带出考场的；

（八）用规定以外的笔或者纸答题，或者在试卷规定以外的地方书写姓名、考号，或者以其他方式在答卷上标记信息的；

（九）其他违反考场规则但尚未构成作弊的行为。

第六条　考生违背考试公平、公正原则，以不正当手段获得或者试图获得试题答案、考试成绩，有下列行为之一的，应当认定为考试作弊：

（一）携带与考试内容相关的文字材料或者存储有与考试内容相关资料的电子设备参加考试的；

（二）抄袭或者协助他人抄袭试题答案或者与考试内容相关的资料的；

（三）抢夺、窃取他人试卷、答卷或者强迫他人为自己抄袭提供方便的；

（四）在考试过程中使用通信设备的；

（五）由他人冒名代替参加考试的；

（六）故意销毁试卷、答卷或者考试材料的；

（七）在答卷上填写与本人身份不符的姓名、考号等信息的；

（八）传、接物品或者交换试卷、答卷、草稿纸的；

（九）其他作弊行为。

第七条　教育考试机构、考试工作人员在考试过程中或者在考试结束后发现下列行为之一的，应当认定相关的考生实施了考试作弊行为：

（一）通过伪造证件、证明、档案及其他材料获得考试资格和考试成绩的；

（二）评卷过程中被发现同一科目、同一考场有两份以上（含两份）答卷答案雷同的；

（三）考场纪律混乱、考试秩序失控，出现大面积考试作弊现象的；

（四）考试工作人员协助实施作弊行为，事后查实的；

（五）其他应认定为作弊的行为。

第八条　考生及其他人员应当自觉维护考试工作场所的秩序，服从考试工作人员的管理，不得有下列扰乱考场及考试工作场所秩序的行为：

（一）故意扰乱考点、考场、评卷场所等考试工作场所秩序；

（二）拒绝、妨碍考试工作人员履行管理职责；

（三）威胁、侮辱、诽谤、诬陷考试工作人员或其他考生；

（四）其他扰乱考试管理秩序的行为。

第九条　考生有第五条所列考试违纪行为之一的，取消该科目的考试成绩。

考生有第六条、第七条所列考试作弊行为之一的，其当次报名参加考试的各科成绩无效；参加高等教育自学考试考生，视情节轻重，可同时给予停考1至3年，或者延迟毕业时间1至3年的处理，停考期间考试成绩无效。

第十条　考生有第八条所列行为之一的，应当终止其继续参加本科目考试，其当次报名参加考试的各科成绩无效；考生及其他人员的行为违反《治安管理处罚条例》的，由公安机关进行处理；构成犯罪的，由司法机关依法追究刑事责任。

第十一条　考生以作弊行为获得的考试成绩并由此取得相应的学位证书、学历证书及其他学业证书、资格资质证书或者入学资格的，由证书颁发机关宣布证书无效，责令收回证书或者予以没收；已经被录取或者入学的，由录取学校取消录取资格或者其学籍。

第十二条　代替他人或由他人代替参加国家教育考试，是在校生的，由所在学校按有关规定严肃处理，直至开除学籍；其他人员，由教育考试机构建议其所在单位给予行政处分，直至开除或解聘，教育考试机构按照作弊行为记录并向有关单位公开其个人基本信息。

第十三条　考试工作人员应当认真履行工作职责，在考试管理、组织及评卷等工作过程中，有下列行为之一的，应当停止其参加当年及下一年度的国家教育考试工作，并由教育考试机构或者建议其所在单位视情节轻重分别给予相应的行政处分：

（一）应回避考试工作却隐瞒不报的；

（二）擅自变更考试时间、地点或者考试安排的；

（三）提示或暗示考生答题的；

（四）擅自将试题、答卷或者有关内容带出考场或者传递给他人的；

（五）在评卷、统分中严重失职，造成明显的错评、漏评或者积分误差的；

（六）在评卷中擅自更改评分细则或者不按评分细则进行评卷的；

（七）因未认真履行职责，造成所负责考场出现雷同卷的；

（八）擅自泄露评卷、统分等应予保密的情况的；

（九）其他违反监考、评卷等管理规定的行为。

第十四条　考试工作人员有下列作弊行为之一的，应当停止其参加国家教育考试工作，由教育考试机构或者其所在单位视情节轻重分别给予相应的行政处分，并调离考试工作岗位；情节严重，构成犯罪的，由司法机关依法追究刑事责任：

（一）为不具备参加国家教育考试条件的人员提供假证明、证件、档案，使其取得考试资格或者考试工作人员资格的；

（二）因玩忽职守，致使考生未能如期参加考试或者使考试工作遭受重大损失的；

（三）利用监考或者从事考试工作之便，为考生作弊提供条件的；

（四）伪造、变造考生档案（含电子档案）的；

（五）在场外组织答卷、为考生提供答案的；

（六）指使、纵容或者伙同他人作弊的；

（七）偷换、涂改考生答卷、考试成绩或者考场原始记录材料的；

（八）擅自更改或者编造、虚报考试数据、信息的；

（九）利用考试工作便利，索贿、受贿、以权徇私的；

（十）诬陷、打击报复考生的。

第十五条　因教育考试机构管理混乱、考试工作人员玩忽职守，造成考点或者考场纪律混乱，作弊现象严重，或者同一考点、同一时间的考试有1/5（含1/5）以上考场存在雷同卷的，由教育行政部门取消该考点当年及下一年度承办国家教育考试的资格；高等教育自学考试考区内一个或者一个以上专业考试纪律混乱，作弊现象严重，由高等教育自学考试管理机构给予该考区警告或者停考该考区相应专业1至3年的处理。

对出现大规模作弊情况的考场、考点的相关责任人、负责人及所属考区的负责人，有关部门应当分别给予相应的行政处分；情节严重，构成犯罪的，由司法机关依法追究刑事责任。

第十六条　违反保密规定，造成国家教育考试的试题、答案及评分参考（包括副题及其答案及评分参考，下同）丢失、泄密，或者使考生答卷在保密期限内发生重大事故的，由有关部门视情节轻重，分别给予责任人和有关负责人行政处分；构成犯罪的，由司法机关依法追究刑事责任。

盗窃、损毁、传播在保密期限内的国家教育考试试题、答案及评分参考、考生答卷、考试成绩的，由有关部门依法追究有关人员的责任；构成犯罪的，由司法机关依法追究刑事责任。

第十七条　在职人员及其他人员有下列行为之一的，由教育考试机构建议其所在单位给予行政处分或者由有关部门处理；构成犯罪的，由司法机关依法追究刑事责任：

（一）指使、纵容、授意考试工作人员放松考试纪律，致使考场秩序混乱、作弊严重的；

（二）代替他人或者由他人代替参加国家教育考试的；

（三）参与或者组织他人进行考试作弊的；

（四）利用职权，包庇、掩盖作弊行为或者胁迫他人作弊的；

（五）以打击、报复、诬陷、威胁等手段侵犯考试工作人员、考生人身权利的；

（六）向考试工作人员行贿的；

（七）故意损坏考试设施的；

（八）扰乱、妨害考场、评卷点及有关考试工作场所秩序，后果严重的。

第三章　违规行为认定与处理程序

第十八条　考试工作人员在考试过程中发现考生实施本办法第五条、第六条所列考试违纪、作弊行为的，应当及时予以纠正并如实记录；对考生用于作弊的材料、工具等，应予暂扣。

考生违规记录作为认定考生违规事实的依据，应当由两名以上（含两名）监考员或者考场巡视员、督考员签字确认。

考试工作人员应当向违纪考生告知违规记录的内容，对暂扣的考生物品应填写收据。

第十九条　教育考试机构发现本办法第七条、第八条所列行为的，应当由两名以上（含两名）工作人员进行事实调查，收集、保存相应的证据材料，并在调查事实和证据的基础上，对所涉及考生的违规行为进行认定。

第二十条　考点汇总考生违规记录，汇总情况经考点主考签字认定后，报送上级教育考试机构依据本办法的规定进行处理。

第二十一条　考生在普通和成人高等学校招生考试、高等教育自学考试中，出现第五条所列考试违纪行为的，由省级教育考试机构或者地（市）级教育考试机构做出处理决定，由地（市）级教育考试机构做出的处理决定应报省级教育考试机构备案；出现第六条、第七条所列考试作弊行为的，由地（市）级教育考试机构签署意见，报省级教育考试机构处理，省级教育考试机构也可以要求地（市）级教育考试机构报送材料及证据，直接进行处理；出现本办法第八条所列扰乱考试秩序行为的，由地（市）级教育考试机构签署意见，报省级教育考试机构按照前款规定处理，对考生及其他人员违反治安管理法律法规的行为，由当地公安部门处理；评卷过程中发现考生有本办法第七条所列考试作弊行为的，由省级教育考试机构做出处理决定，并通知地

（市）级教育考试机构。

参加其他国家教育考试考生违规行为的处理，由承办有关国家教育考试的考试机构参照前款规定具体确定。

第二十二条　教育行政部门和其他有关部门在考点、考场出现大面积作弊情况或者需要对教育考试机构实施监督的情况下，应当直接介入调查和处理。

发生第十四条、第十五条、第十六条所列案件，情节严重的，由省级教育行政部门会同有关部门共同处理，并及时报告国务院教育行政部门；必要时，国务院教育行政部门参与或者直接进行处理。

第二十三条　考试工作人员在考场、考点及评卷过程中有违反本办法的行为的，考点主考、评卷点负责人应当暂停其工作，并报相应的教育考试机构处理。

第二十四条　在其他与考试相关的场所违反有关规定的考生，由地（市）级教育考试机构或者省级教育考试机构做出处理决定；地（市）级教育考试机构做出的处理决定应报省级教育考试机构备案。

在其他与考试相关的场所违反有关规定的考试工作人员，由所在单位根据地（市）级教育考试机构或者省级教育考试机构提出的处理意见，进行处理，处理结果应当向提出处理的教育考试机构通报。

第二十五条　教育考试机构在对考试违规的个人或者单位做出处理决定前，应当复核违规事实和相关证据，告知被处理人或者单位做出处理决定的理由和依据；被处理人或者单位对所认定的违规事实认定存在异议的，应当给予其陈述和申辩的机会。

被处理人受到停考处理的，可以要求举行听证。

第二十六条　教育考试机构做出处理决定应制作考试违规处理决定书，载明被处理人的姓名或者单位名称、处理事实根据和法律依据、处理决定的内容、救济途径以及做出处理决定的机构名称和做出处理决定的时间。

考试违规处理决定书应当及时送达被处理人。

第二十七条　考生或者考试工作人员对教育考试机构做出的违规处理决定不服的，可以在收到处理决定之日起15日内，向其上一级教育考试机构提出复核申请；对省级教育考试机构或者承办国家教育考试的机构做出的处理决定不服的，也可以向省级教育行政部门或者授权承担国家教育考试的主管部门提出复核申请。

第二十八条　受理复核申请的教育考试机构、教育行政部门应对处理决定所认定的违规事实和适用的依据等进行审查，并在受理后30日内，按照下列规定作出复核决定：

（一）处理决定认定事实清楚、证据确凿，适用依据正确，程序合法，内容适当的，决定维持；

（二）处理决定有下列情况之一的，决定撤销或者变更：

1. 事实认定不清、证据不足的；

2. 适用依据错误的；

3. 违反本办法规定的处理程序的。

做出决定的教育考试机构对因错误的处理决定给考生造成的损失，应当予以补救。

第二十九条　申请人对复核决定或者处理决定不服的，可以依据《行政复议法》和《行政诉讼法》的有关规定，申请行政复议或者行政诉讼。

第三十条　教育考试机构应当建立考生诚信档案，记录、保留在国家教育考试中作弊考生的相关信息。

教育考试机构应当接受社会有关方面对考生诚信档案的查询，并及时向招生机构提供相关信息。

第三十一条　省级教育考试机构应当及时汇总本地区违反规定的考生及考试工作人员的处理情况，并向国家教育考试机构报告。

第四章　附　　则

第三十二条　本办法所称考场是指实施考试的封闭空间；所称考点是指设置若干考场独立进行考务活动的特定场所；所称考区是指由省级教育考试机构设置，由若干考点组成，进行国家教育考试实施工作的特定地区。

第三十三条　非全日制攻读硕士学位全国考试、中国人民解放军高等教育自学考试及其他各级各类教育考试的违规处理可以参照本办法执行。

第三十四条　本办法自发布之日起施行。此前教育部颁布的各有关国家教育考试的违规处理规定同时废止。

三、普通高等学校校园秩序管理若干规定（国家教育委员会 1990 年 9 月 18 日发布）

第一条　为了优化育人环境，加强高等学校校园管理，维护教学、科研、生活秩序和安定团结的局面，建立有利于培养社会主义现代化建设专门人才的校园秩序，制定本规定。

第二条　本规定所称的高等学校（以下简称“学校”）是指全日制普通学

校和成人高等学校。本规定所称的师生员工是指学校的教师（包括外籍教师）、学生（包括外国在华留学生）、教育教学辅助人员、管理人员和工勤人员。

第三条 学校的师生、员工以及其他到学校活动的人员都应当遵守本规定，维护宪法确立的根本制度和国家利益，维护学校的教学、科研秩序和生活秩序。学校应当加强校园管理，采取措施，及时有效地预防和制止校园内违反法律、法规、校规的活动。

第四条 学校应当尊重和维护师生员工的人身权利、政治权利、教育和受教育的权利以及法律规定的其他权利，不得限制、剥夺师生、员工的权利。

第五条 进入学校的人员，必须持有本校的学生证、工作证、听课证或学校颁发的其他进入学校的证章、证件。

未持有前款规定的证章、证件的国内人员进入学校，应当向门卫登记后进入学校。

第六条 国内新闻记者进入学校采访，必须持有记者证和采访介绍信，在通知学校有关机构后，方可进入学校采访。

外国新闻记者和我国港澳台新闻记者进入学校采访，必须持有学校所在省、自治区、直辖市人民政府外事机关或港澳台办的介绍信和记者证，并在进校采访前与学校外事机构联系，经许可后方可进入学校采访。

第七条 外国人、我国港澳台人员进入学校进行公务、业务活动，应当经过省、自治区、直辖市或国务院有关部门同意并告知学校后，或按学术交流计划经学校主管领导研究同意，方可进入学校。自行要进入学校的外国人、我国港澳台人员，应当经学校外事机构或港澳台办批准后，方可进入学校。接受师生、员工个人邀请进入学校探亲访友的外国人、我国港澳台人员，应当履行门卫登记手续后进入学校。

第八条 依照本规定第五条、第六条、第七条的规定进入学校的人员，应当遵守法律、法规、规章和学校的制度，不得从事与其身份不符的活动，不得危害学校治安。对违反本规定第五条、第六条、第七条和本条前款规定的人员，师生、员工有权向学校保卫机构报告，学校保卫机构可以要求其说明情况或者责令其离开学校。

第九条 学生一般不得在学生宿舍留校外人员，遇有特殊情况留宿校外人员，应当报请学校有关机构许可，并且进行留宿登记，留宿人离校应注销登记，不得在学生宿舍内留宿异性。违反前款规定的，学校保卫机构可以责令留宿人离开学生宿舍。

第十条 告示、通告、启事、广告等，应当张贴在学校指定或者许可的地点。散发宣传品、印刷品应当经过学校有关机构同意。对于张贴、散发反对我国宪法确立的根本制度、损害国家利益或者侮辱诽谤他人的公开张贴物、宣传品和印刷品的当事人，由司法机关依法追究其法律责任。

第十一条　在校园设置临时或者永久建筑物以及安装音响、广播、电视设施，设置者、安装者应当报请学校有关机构批准，未经批准不得擅自设置、安装。

师生、员工或者有关团体、组织使用学校的广播、电视设施，必须报请学校有关机构批准，禁止任何组织或者个人擅自使用学校广播、电视设施。

在校内举行文化娱乐活动，不得干扰学校的教学、科研和生活秩序。

违反第一款、第二款、第三款规定的，学校有关机构可以劝其停止设置、安装或者停止活动，已经设置、安装的，学校有关机构可拆除，或者责令设置者、安装者拆除。

第十二条　在校内举行集会、讲演等公共活动，组织者必须在七十二小时前向学校有关机构提出申请，申请中应当说明活动的目的、人数、时间、地点和负责人的姓名。学校有关机构应当最迟在举行时间的四小时前将许可或者不许可的决定通知组织者。逾期未通知的，视为许可。

集会、讲演等应符合我国的教育方针和相应的法规、规章，不得反对我国宪法确立的根本制度，不得干扰学校的教学、科研和生活秩序，不得损害国家财产和其他公民的权利。

第十三条　在校内组织讲座、报告等室内活动，组织者应当在七十二小时前向学校有关机构提出申请，申请中应当说明活动的内容、报告人和负责人的姓名。学校有关机构应当最迟在举行时间的四小时前将许可或者不许可的决定通知组织者。逾期未通知的，视为许可。

第十四条　师生、员工应当严格按照学校的安排进行教学、科研、生活和其他活动，任何人都不得破坏学校的教学、科研和生活秩序，不得阻止他人根据学校的安排进行教学、科研、生活和其他活动。禁止师生、员工赌博、酗酒、打架斗殴以及其他干扰学校的教学、科研和生活秩序的行为。

第十五条　师生、员工组织社会团体，应当按照《社会团体登记管理条例》的规定办理。成立校内非社会团体的组织，应当在成立前由其组织者报请学校有关机构批准，未经批准不得成立和开展活动。校内非社会团体的组织和校内报刊必须遵守法律、法规、规章，贯彻我国的教育方针和遵守学校的制度，接受学校的管理，不得进行超出其宗旨的活动。

第十六条　违反本规定第十二条、第十三条、第十四条和第十五条的规定的，学校有关机构可以责令其组织者以及其他当事人立即停止活动。违反本规定第十二条第二款的规定，损害国家财产的，学校有关机构可以责令其赔偿损失。

第十七条 禁止无照人员在校园内经商。设在校园内的商业网点必须在指定地点经营。违反前款规定的，学校有关机构可以责令其停止经商活动或者离开校园。

第十八条 对违反本规定，经过劝告、制止仍不改正的师生、员工，学校可视情节给予行政处分或者纪律处分；属于违反治安管理行为的，由公安机关依法处理；情节严重，构成犯罪的，由司法机关处理。师生、员工对学校的处分不服的，可以向有关教育行政部门提出申诉，教育行政部门应当在接到申诉的三十日内作出处理决策。对违反本规定，经劝告、制止仍不改正的校外人员，由公安、司法机关根据情节依法处理。

第十九条 各高等学校可以根据本规定制定具体管理制度。

第二十条 本规定自发布之日起施行。

四、学生伤害事故处理办法

第一章 总 则

第一条 为积极预防、妥善处理在校学生伤害事故，保护学生、学校的合法权益，根据《中华人民共和国教育法》《中华人民共和国未成年人保护法》和其他相关法律、行政法规及有关规定，制定本办法。

第二条 在学校实施的教育、教学活动或者学校组织的校外活动中，以及在学校负有管理责任的校舍、场地、其他教育教学设施、生活设施内发生的，造成在校学生人身损害后果的事故的处理，适用本办法。

第三条 学生伤害事故应当遵循依法、客观公正、合理适当的原则，及时、妥善地处理。

第四条 学校的举办者应当提供符合安全标准的校舍、场地、其他教育教学设施和生活设施。

教育行政部门应当加强学校安全工作，指导学校落实预防学生伤害事故的措施，指导、协助学校妥善处理学生伤害事故，维护学校正常的教育、教学秩序。

第五条 学校应当对在校学生进行必要的安全教育和自护自救教育；应当按照规定，建立、健全安全制度，采取相应的管理措施，预防和消除教育、教学环境中存在的安全隐患；当发生伤害事故时，应当及时采取措施，救助受伤害学生。

学校对学生进行安全教育、管理和保护，应当针对学生年龄、认知能力和法律行为能力的不同，采用相应的内容和预防措施。

第六条　学生应当遵守学校的规章制度和纪律；在不同的受教育阶段，应当根据自身的年龄、认知能力和法律行为能力，避免和消除相应的危险。

第七条　未成年学生的父母或者其他监护人（以下称为监护人）应当依法履行监护职责，配合学校对学生进行安全教育、管理和保护工作。

学校对未成年学生不承担监护职责，但法律有规定的或者学校依法接受委托承担相应监护职责的情形除外。

第二章　事故与责任

第八条　学生伤害事故的责任，应当根据相关当事人的行为与损害后果之间的因果关系依法确定。

因学校、学生或者其他相关当事人的过错造成的学生伤害事故，相关当事人应当根据其行为过错程度的比例及其与损害后果之间的因果关系承担相应的责任。当事人的行为是损害后果发生的主要原因，应当承担主要责任；当事人的行为是损害后果发生的非主要原因，承担相应的责任。

第九条　因下列情形之一造成的学生伤害事故，学校应当依法承担相应的责任：

（一）学校的校舍、场地、其他公共设施，以及学校提供给学生使用的学具、教育教学和生活设施、设备不符合国家规定的标准，或者有明显不安全因素的；

（二）学校的安全保卫、消防、设施设备管理等安全管理制度有明显疏漏，或者管理混乱，存在重大安全隐患，而未及时采取措施的；

（三）学校向学生提供的药品、食品、饮用水等不符合国家或者行业的有关标准、要求的；

（四）学校组织学生参加教育、教学活动或者校外活动，未对学生进行相应的安全教育，并未在可预见的范围内采取必要的安全措施的；

（五）学校知道教师或者其他工作人员患有不适宜担任教育、教学工作的疾病，但未采取必要措施的；

（六）学校违反有关规定，组织或者安排未成年学生从事不宜未成年人参加的劳动、体育运动或者其他活动的；

（七）学生有特异体质或者特定疾病，不宜参加某种教育、教学活动，学校知道或者应当知道，但未予以必要的注意的；

（八）学生在校期间突发疾病或者受到伤害，学校发现，但未根据实际情况及时采取相应措施，导致不良后果加重的；

（九）学校教师或者其他工作人员体罚或者变相体罚学生，或者在履行职责过程中违反工作要求、操作规程、职业道德或者其他有关规定的；

（十）学校教师或者其他工作人员在负有组织、管理未成年学生的职责期间，发现学生行为具有危险性，但未进行必要的管理、告诫或者制止的；

（十一）对未成年学生擅自离校等与学生人身安全直接相关的信息，学校发现或者知道，但未及时告知未成年学生的监护人，导致未成年学生因脱离监护人的保护而发生伤害的；

（十二）学校有未依法履行职责的其他情形的。

第十条　学生或者未成年学生监护人由于过错，有下列情形之一，造成学生伤害事故，应当依法承担相应的责任：

（一）学生违反法律法规的规定，违反社会公共行为准则、学校的规章制度或者纪律，实施按其年龄和认知能力应当知道具有危险或者可能危及他人的行为的；

（二）学生行为具有危险性，学校、教师已经告诫、纠正，但学生不听劝阻、拒不改正的；

（三）学生或者其监护人知道学生有特异体质，或者患有特定疾病，但未告知学校的；

（四）未成年学生的身体状况、行为、情绪等有异常情况，监护人知道或者已被学校告知，但未履行相应监护职责的；

（五）学生或者未成年学生监护人有其他过错的。

第十一条　学校安排学生参加活动，因提供场地、设备、交通工具、食品及其他消费与服务的经营者，或者学校以外的活动组织者的过错造成的学生伤害事故，有过错的当事人应当依法承担相应的责任。

第十二条　因下列情形之一造成的学生伤害事故，学校已履行了相应职责，行为并无不当的，无法律责任：

（一）地震、雷击、台风、洪水等不可抗的自然因素造成的；

（二）来自学校外部的突发性、偶发性侵害造成的；

（三）学生有特异体质、特定疾病或者异常心理状态，学校不知道或者难于知道的；

（四）学生自杀、自伤的；

（五）在对抗性或者具有风险性的体育竞赛活动中发生意外伤害的；

（六）其他意外因素造成的。

第十三条　下列情形下发生的造成学生人身损害后果的事故，学校行为并无不当的，不承担事故责任；事故责任应当按有关法律法规或者其他有关规定认定：

（一）在学生自行上学、放学、返校、离校途中发生的；

（二）在学生自行外出或者擅自离校期间发生的；

（三）在放学后、节假日或者假期等学校工作时间以外，学生自行滞留学校或者自行到校发生的；

（四）其他在学校管理职责范围外发生的。

第十四条　因学校教师或者其他工作人员与其职务无关的个人行为，或者因学生、教师及其他个人故意实施的违法犯罪行为，造成学生人身损害的，由致害人依法承担相应的责任。

第三章　事故处理程序

第十五条　发生学生伤害事故，学校应当及时救助受伤害学生，并应当及时告知未成年学生的监护人；有条件的，应当采取紧急救援等方式救助。

第十六条　发生学生伤害事故，情形严重的，学校应当及时向主管教育行政部门及有关部门报告；属于重大伤亡事故的，教育行政部门应当按照有关规定及时向同级人民政府和上一级教育行政部门报告。

第十七条　学校的主管教育行政部门应学校要求或者认为必要，可以指导、协助学校进行事故的处理工作，尽快恢复学校正常的教育教学秩序。

第十八条　发生学生伤害事故，学校与受伤害学生或者学生家长可以通过协商方式解决；双方自愿，可以书面请求主管教育行政部门进行调解。成年学生或者未成年学生的监护人也可以依法直接提起诉讼。

第十九条　教育行政部门收到调解申请，认为必要的，可以指定专门人员进行调解，并应当在受理申请之日起60日内完成调解。

第二十条　经教育行政部门调解，双方就事故处理达成一致意见的，应当在调解人员的见证下签订调解协议，结束调解；在调解期限内，双方不能达成一致意见，或者调解过程中一方提起诉讼，人民法院已经受理的，应当终止调解。调解结束或者终止，教育行政部门应当书面通知当事人。

第二十一条　对经调解达成的协议，一方当事人不履行或者反悔的，双方可以依法提起诉讼。

第二十二条　事故处理结束，学校应当将事故处理结果书面报告主管的教育行政部门；重大伤亡事故的处理结果，学校主管的教育行政部门应当向同级人民政府和上一级教育行政部门报告。

第四章　事故损害的赔偿

第二十三条　对发生学生伤害事故负有责任的组织或者个人，应当按照法律法规的有关规定，承担相应的损害赔偿责任。

第二十四条　学生伤害事故赔偿的范围与标准，按照有关行政法规、地方性法规或者最高人民法院司法解释中的有关规定确定。

教育行政部门进行调解时，认为学校有责任的，可以依照有关法律法规及国家有关规定，提出相应的调解方案。

第二十五条　对受伤害学生的伤残程度存在争议的，可以委托当地具有相应鉴定资格的医院或者有关机构，依据国家规定的人体伤残标准进行鉴定。

第二十六条　学校对学生伤害事故负有责任的，根据责任大小，适当予以经济赔偿，但不承担解决户口、住房、就业等与救助受伤害学生、赔偿相应经济损失无直接关系的其他事项。

学校无责任的，如果有条件，可以根据实际情况，本着自愿和可能的原则，对受伤害学生给予适当的帮助。

第二十七条　因学校教师或者其他工作人员在履行职务中的故意或者重大过失造成的学生伤害事故，学校予以赔偿后，可以向有关责任人员追偿。

第二十八条　未成年学生对学生伤害事故负有责任的，由其监护人依法承担相应的赔偿责任。

学生的行为侵害学校教师及其他工作人员以及其他组织、个人的合法权益，造成损失的，成年学生或者未成年学生的监护人应当依法予以赔偿。

第二十九条　根据双方达成的协议、经调解形成的协议或者人民法院的生效判决，应当由学校负担的赔偿金，学校应当负责筹措；学校无力完全筹措的，由学校的主管部门或者举办者协助筹措。

第三十条　县级以上人民政府教育行政部门或者学校举办者有条件的，可以通过设立学生伤害赔偿准备金等多种形式，依法筹措伤害赔偿金。

第三十一条　学校有条件的，应当依据保险法的有关规定，参加学校责任保险。教育行政部门可以根据实际情况，鼓励中小学参加学校责任保险。提倡学生自愿参加意外伤害保险。在尊重学生意愿的前提下，学校可以为学生参加意外伤害保险创造便利条件，但不得从中收取任何费用。

第五章　事故责任者的处理

第三十二条　发生学生伤害事故，学校负有责任且情节严重的，教育行政部门应当根据有关规定，对学校直接负责的主管人员和其他直接责任人员，分别给予相应的行政处分；有关责任人的行为触犯刑律的，应当移送司法机关依法追究刑事责任。

第三十三条　学校管理混乱，存在重大安全隐患的，主管的教育行政部门或者其他有关部门应当责令其限期整顿；对情节严重或者拒不改正的，应当依据法律法规的有关规定，给予相应的行政处罚。

第三十四条　教育行政部门未履行相应职责，对学生伤害事故的发生负有责任的，由有关部门对直接负责的主管人员和其他直接责任人员分别给予相应的行政处分；有关责任人的行为触犯刑律的，应当移送司法机关依法追究刑事责任。

第三十五条　违反学校纪律，对造成学生伤害事故负有责任的学生，学校可以给予相应的处分；触犯刑律的，由司法机关依法追究刑事责任。

第三十六条　受伤害学生的监护人、亲属或者其他有关人员，在事故处理过程中无理取闹，扰乱学校正常教育、教学秩序，或者侵犯学校、学校教师或者其他工作人员的合法权益的，学校应当报告公安机关依法处理；造成损失的，可以依法要求赔偿。

第六章　附　　则

第三十七条　本办法所称学校，是指国家或者社会力量举办的全日制的中小学（含特殊教育学校）、各类中等职业学校、高等学校。本办法所称学生是指在上述学校中全日制就读的受教育者。

第三十八条　幼儿园发生的幼儿伤害事故，应当根据幼儿为完全无行为能力人的特点，参照本办法处理。

第三十九条　其他教育机构发生的学生伤害事故，参照本办法处理。在学校注册的其他受教育者在学校管理范围内发生的伤害事故，参照本办法处理。

第四十条　本办法自2002年9月1日起实施，原国家教委、教育部颁布的与学生人身安全事故处理有关的规定，与本办法不符的，以本办法为准。

在本办法实施之前已处理完毕的学生伤害事故不再重新处理。

五、普通高等学校学生安全教育管理暂行规定（国家教育委员会1992年4月15日发布）

第一章 总 则

第一条 为了加强高等学校管理，维护正常的教学和生活秩序，保障学生人身和财物安全，促进身心健康发展，特制定本暂行规定。

第二条 高等学校学生安全教育及管理的主要任务是，宣传、贯彻国家有关安全管理工作的方针、政策、法律、法规，对学生实施安全教育及管理，妥善处理各类安全事故，引导学生健康成长。

第三条 高等学校学生安全教育及管理，要以预防为主，本着保护学生、教育先行、明确责任、教管结合、实事求是、妥善处理的原则，做好教育、管理和处理工作。

第四条 本暂行规定所称“学生”指在普通高等学校学习取得学籍的全日制学生，即按国家任务、用人单位委托培养、自费三种计划形式录取的学生。

第二章 安全教育

第五条 高等学校应将对学生进行安全教育作为一项经常性工作，列入学校工作的重要议事日程，加强领导。学校各部门和有关群众团体或组织要相互配合，积极开展安全教育，普及安全知识，增强学生的安全意识和法制观念，提高防范能力。

第六条 学生安全教育应根据不同专业及青年学生的特点，从学生入学到毕业，在各种教学活动和日常生活中，特别是节假日前适时进行，并善于利用发生的安全事故教育学生，防患于未然。学校应根据环境、季节及有关规定进行防盗、防火、防特、防病、防事故等方面的教育，并使之经常化、制度化。

第七条 高等学校对学生进行安全教育须注重心理疏导，加强思想政治工作，教育学生注意保持健康的心理状态，帮助学生克服各种原因造成的心理障碍，把事故消除在萌芽状态。

第三章 安全管理

第八条 高等学校要做好学生日常安全管理工作，加强安全防范，建立和健全规章制度，严格管理。学校要把安全教育及管理工作纳入领导任期的责任目标，落实到年级辅导员。学校应由一名校领导主要负责。

第九条　高等学校应确定学生安全教育及管理工作的主管部门。明确其职责，具体组织实施安全教育及其管理工作。各有关部门应分工协作，积极配合。

第十条　全体教职工要从关心学生、爱护学生出发，树立安全思想，努力做好本职工作和改善环境条件，保护学生人身和财产安全。

第十一条　学生发生意外事故以及学生要求保护人身或财物安全等情况时，学校应迅速采取有效措施。

第十二条　学生必须严格遵守国家法律、法规和学校各项规章制度，注意自身的人身和财产安全，防止各种事故的发生。

第十三条　学生在日常教学及各项活动中，应遵守纪律和有关规定，听从指导，服从管理；在公共场所，要遵守社会公德，增强安全防范意识，提高自我保护能力。

第十四条　学生组织集体课外活动，须经学校同意，按学校规定进行。学校须认真进行安全审查，条件不具备时不得批准。

第十五条　学生应严格遵守宿舍管理的规定，自觉维护宿舍的安全与卫生，提高自我管理能力。

第十六条　发现刑事、治安案件或交通、灾害等事故，在场学生应保护现场，及时报告学校或公安部门并协助处理。在学校范围内的，学校应迅速采取措施，控制事态发展，减轻伤害和损失。

第四章　事故处理

第十七条　学生人身和财产发生一般伤害后，学校要及时调查处理，根据当事人或他人的过错，责令其赔偿损失，并给予批评教育或相应行政、纪律处分。在校园内，发生学生非正常死亡、重伤和被窃、失火等造成财产重大损害事故后，学校应迅速采取措施进行抢救、保护现场，同时加强思想政治工作，稳定情绪，恢复秩序，并协同地方有关部门妥善处理。

第十八条　学校对事故调查后认为涉及追究刑事责任的，要及时与公安部门联系，协助调查处理。重大事故学校有关领导应亲自参加调查工作，并认真研究调查报告，及时处理。

第十九条　在安全管理或事故处理过程中，学校认为有必要搜查学生住处的，须报请公安部门依法进行。调查处理案件应以事实为依据，不得逼供或诱供。

第二十条　重大事故发生后，学校应在一天内向所在省、直辖市、自治区有关主管部门报告，并及时通知学生家长。事故处理结束后一周内书面报告有关主管部门。

第二十一条　学生在教学、实习过程与日常生活中，因学校或有关单位责任发生死亡、重伤或残疾，由学校或有关单位承担责任，做好处理及善后工作。在教学、实习过程与日常生活中，学生因不遵守纪律或不按要求活动而发生意外事故，学校不承担责任。

第二十二条　因忽视安全生产，管理不善；工作不负责，违章指挥；玩忽职守，徇私舞弊等对学生造成严重的人身、财物损害的，由其所在单位或上级主管部门，视具体情况对有关责任人员分别给予责令检查、赔偿损失、行政处分，直至依法追究刑事责任。

第二十三条　学生未经批准擅自离校不归发生意外事故的，学校不承担责任。对擅自离校不归，学校不知去向的学生，学校应及时寻找并报告当地公安部门，及时通知学生家长。半月不归且未说明原因者，学校可张榜公布，按自动退学除名。

第二十四条　学生假期或办理离校手续后发生意外事故的，学校不承担责任。

第二十五条　在校内正常生活及由学校在校外组织活动中，由于不能避免的原因或自然灾害而发生的事故，由学校视具体情况处理。

第二十六条　有条件的高等学校可为学生办理人身保险。

第二十七条　凡经学校指定的专业医院确诊为精神病、癫痫病患者的学生，应予退学，由其监护人员负责领回。学生及其监护人不得无理纠缠，扰乱学校教学、生活秩序。

第二十八条　因事故伤残的学生，经治疗后病情稳定，学校认为生活能自理，能坚持在校学习，可留校继续学习；不能坚持在校学习者，应予退学，由学校按其实际学习年限发给肄业证书，并根据事故性质和伤残程度一次性给予适当经济补助。退学学生回其监护人所在地，当地民政等有关部门应协助做好接收、落户等工作，由当地劳动部门按国家关于残疾人劳动就业有关规定安置。

第二十九条　学生因病死亡和责任不由学校承担的意外死亡，学校不承担丧葬费。如家庭确有困难者，学校可酌情予以一次性经济补助。

第三十条　因责任不在本人的意外死亡学生，由学校或有关单位参照国家关于事业单位职工死亡丧葬有关规定处理，负担丧葬费的全部，学校可一次性给予适当经济补助。无论何种情况（事故）给予的经济补助，一般不超过国家规定的学生在校期间（以四年计）的平均奖学金数。凡是事故责任由学校以外的其他单位、个人承担的，学校不再给予经济补助。

第三十一条　因保护国家财产和他人人身安全，见义勇为而致残或英勇牺牲的学生，学校应报请所在省、自治区、直辖市人民政府授予荣誉称号，并给予相应的待遇。

第三十二条　对事故处理不服或持有异议者，可向学校或学校上一级部门申诉，或者依法向人民法院提起民事诉讼。

第五章　附　　则

第三十三条　普通高等学校研究生事故处理，参照本办法执行。

第三十四条　本暂行规定结合《普通高等学校学生管理规定》《高等学校校园秩序管理若干规定》执行。

第三十五条　各省、自治区、直辖市教育行政部门和各高等学校可根据本暂行规定制定实施细则。

第三十六条　本暂行规定由国家教育部解释。

第三十七条　本暂行规定自发布之日起试行。

六、教育部关于切实加强高校学生住宿管理的通知

各省、自治区、直辖市党委教育（高校）工委、教育厅（教委），新疆生产建设兵团教育局，部属各高等学校：

近期以来，一些高校出现学生住宿场所发生治安伤害事件。继2月23日云南大学发生四名学生在校内公寓被害案后，又有部分地区高校学生宿舍相继发生偷盗、抢劫、伤害等刑事治安案件。此外，近年来一些在校大学生自行租住校外民房，条件参差不齐，有的不具备基本的安全设施，有的周边治安环境复杂，安全或治安事端时有发生。4月27日晚，西藏民族学院两名学生在校外租住房屋遭歹徒绑架、抢劫，近期相继发生高校学生在校外租房被害以及煤气中毒死亡事件。

产生上述问题的原因是多方面的，其中一个重要的原因是学生住宿管理工作薄弱。一些高校对学生住宿管理工作没有切实负起应有的责任，没有认真落实辅导员进公寓、安全保卫工作进公寓等制度；一些高校在学生校外租房的管理问题上采取了放任的态度。为进一步加强学生住宿管理，现将有关要求通知如下：

一、切实加强对学生住宿管理工作的领导

学生宿舍和公寓是学生日常生活与学习的重要场所，是对学生进行思想政治工作和素质教育的重要阵地。学生住宿管理事关学生人身安全和财产安全，

关系到学校正常的教学、生活秩序，关系到学校和社会的稳定，也关系到我国高等教育的改革和发展。各地教育行政部门和高校要从维护稳定大局和推进高等教育事业发展的高度，增强政治责任感和现实紧迫感，把学生住宿管理工作作为学校教育和管理的重要组成部分，高度重视并切实担负起学生住宿管理的领导责任，将其列入高校教育管理工作的重要日程，作为学校的一件大事来抓，不能推向社会。

高校主要负责人作为学校安全稳定工作第一责任人，对包括学生住宿管理在内的学校安全与稳定工作负总责，要有必要的时间和精力抓安全保卫工作。各校均应建立学生住宿管理委员会并制定相应管理办法。对于学生公寓的管理，物业管理和学生管理要职责明确、紧密配合，对学生的思想教育与日常行为管理主要由高校学生教育管理部门负责，物业管理部门有责任为高校开展教育和管理工作提供必要条件。要尽量避免多校合用学生公寓，已由几所学校合用的学生公寓，各高校要分别派人组成领导小组统筹管理，切实负起安全责任。

二、切实加强学生宿舍和公寓中的党建与思想政治工作

高校应认真贯彻第 12 次全国高校党建工作会议的要求，结合各地实际情况，采取有力措施，将学生在宿舍和公寓内按班集体住在一起，按班集体建立党团支部，充分发挥共产党员在住宿管理中的先锋模范作用和党支部的政治核心与战斗堡垒作用。没有按班集体安排住房的，要积极创造条件，尽早作出住房调整。坚决反对按学生经济状况分配住房的做法。要以学生宿舍和公寓为基地开展校园文化活动，培养学生的集体主义观念，丰富学生宿舍和公寓文化生活，促进学生公寓的社会主义精神文明建设。

要坚决落实学生公寓思想政治工作队伍建设的有关要求，切实选派足够数量的政治素质高、思想作风好、具有较强组织管理能力、善于做学生工作的辅导员进驻学生公寓，做到“同住、知情、关心、引导”。即与学生同住学生公寓；了解学生思想动态；关心学生思想、生活；引导学生正确处理各种问题，开展经常性的思想政治工作。要切实落实学校辅导员管理的各项规定，辅导员必须每周定期到学生宿舍走访学生。

三、切实加强管理机制与规章制度建设

要建立、健全学生住宿管理规定、学生宿舍文明建设管理规定、学生宿舍安全管理制度等各项规章制度，学校、学生、业主、物业管理等各单位和人员之间，要建立有效的契约关系，明确学生公寓应提供的服务项目，保障入住学生的日常生活。要加强安全保卫制度建设，按照中央和省级人民政府有关部门的规定，对学生宿舍和公寓的住宿、用电、用水、饮食、防火防盗等方面的工

作，制定完善的安全制度；建立安全工作信息的收集、处理和报送制度，确保重要信息及时、准确上报；建立值班制度和门卫制度，开通24小时固定值班电话；建立安全工作检查制度，做到全面检查与重点检查相结合、定期检查和日常防范相结合，对发现的事故隐患要及时进行整改。切实做到值班门卫到位、巡逻执勤到位、检查整改到位、制度落实到位。

要建立有效的监督机制。建立由学生代表组成的学生民主监督机构，积极参与学生宿舍公寓的管理和服务，监督各项制度的执行。及时向学校和公寓管理部门反映学生的意见、要求，协助辅导员、宿舍管理员排解矛盾。要拓宽高校后勤服务单位、学校和学生之间的联系、沟通、对话渠道，公开学生投诉和纠纷处理的办法、程序，自觉维护学生权益。要培育和发展学生宿舍和公寓的自我管理组织，充分发挥这些组织的作用，把学生宿舍和公寓建成学生自我教育、自我管理、自我服务的场所。

四、切实加强学生宿舍和公寓的安全保卫工作

要建立和健全学生宿舍和公寓的安全保卫工作网络。物业管理部门要设立安全保卫机构，配备专职人员，切实担负起管理范围内的安全保卫工作。要不断改善学生宿舍和公寓的安全设施，设立必要的交通、安全警示装置，建立报警点。学生宿舍和公寓内要设立火灾预警监视系统、恶性用电识别装置等，通过技术防范设施，防止火灾发生。要加强学生公寓安全保卫工作人员的技术配备和条件保障，每年都应安排专项经费，用于安全保卫设施和装备的添置和更新。学校安全保卫部门要加强对学生宿舍和公寓安全保卫工作的业务指导、培训、监督和检查，加强巡逻，深入排查安全保卫工作中存在的问题，及时整改。

要加强对学生的安全与法制教育，培养学生遵纪守法的良好行为。要善于通过新生入学教育、安全知识讲座、演讲会、报告会等形式，充分利用广播、闭路电视、宣传橱窗、板报等载体，将学生宿舍和公寓安全问题列入重要内容进行广泛、深入的教育。在节假日和重大活动期间，要有针对性地提出安全要求，对违法违纪的学生及时进行批评教育和必要的处罚。高校后勤服务社会化单位也要加强对宿舍管理人员和治安人员的法制和职业道德教育。

高校要积极配合公安部门做好学生宿舍和公寓周边环境的治安管理工作，经常互通信息，认真分析、排查影响学校稳定的不安全因素，发现问题应及时解决。

五、切实加强学生校外租房的管理

各高校应积极创造条件为学生解决住宿问题，原则上不允许学生自行在校

外租房居住。对已在校外租房的学生，应要求其搬回校内住宿；对极少数坚持在校外租房的学生，要向他们耐心说明可能产生的后果和个人应承担的责任，并逐一登记，建立报告和承诺制度，说明租房的原因、房屋详细地址、联系方式，承诺加强人身和财产安全的自我保护，经本人与家长双方签字报学校备案。要切实加强学生校外租房的管理，绝不能留下管理和教育工作的空白点。

教育部

二〇〇四年六月七日

七、2015 年湖南省国家开发银行生源地信用助学贷款公告

一、申请条件

湖南省国家开发银行生源地信用助学贷款（以下简称“生源地助学贷款”）的申请对象为户籍在湖南省的家庭经济困难学生，包括全日制普通本科高校、高等职业学校和高等专科学校（含民办高校和独立学院，学校名单以教育部公布的为准）的本专科学生、研究生和第二学士学生。

就读于预科班的学生，参加自学考试、成人高考、进修类的学生以及当年在高校获得了国家助学贷款的学生不得申请生源地助学贷款。

借款学生必须有共同借款人，共同借款人和借款学生共同承担还款责任。

（一）生源地助学贷款支持对象的条件

1. 具有中华人民共和国国籍；

2. 诚实守信，遵纪守法；

3. 已被根据国家有关规定批准设立、实施高等学历教育的全日制普通本科高校、高等职业学校和高等专科学校（含民办高校和独立学院，学校名单以教育部公布的为准）正式录取，取得真实、合法、有效的录取通知书的全日制新生或高校在读的本专科学生、研究生和第二学士学生；

4. 学生本人入学前户籍、其共同借款人户籍均在本县（市、区）；

5. 学生当年没有获得其他国家助学贷款；

6. 经户籍所在地村（居）委会认定（通过高中预申请的学生除外），家庭经济困难，所能获得的收入不足以支付学生在校期间完成学业所需的基本费用。

（二）共同借款人

共同借款人户籍与学生本人入学前户籍均在本县（市、区）。共同借款人原则上应为借款学生父母。

如借款学生父母由于残疾、患病等特殊情况丧失劳动能力或民事行为能力的，可由借款学生其他近亲属作为共同借款人。

如借款学生为孤儿，共同借款人则为其他法定监护人或自愿与借款学生共同承担还款责任的具备完全民事行为能力的自然人。

如共同借款人不是借款学生父母时，年龄必须在25~60周岁。

未结清国家开发银行生源地助学贷款（或高校助学贷款）的借款学生不能作为其他借款学生的共同借款人。

二、贷款额度、期限、利率

（一）贷款额度

若为本专科学生，申请贷款额度应不高于8 000元，原则上按照学费与住宿费标准总和确定，贷款为1 000到8 000之间的100的整数倍；若为研究生，申请贷款额度应不高于12 000元，原则上按照学费与住宿费标准总和确定，贷款为1 000到12 000之间的100的整数倍。

（二）贷款期限

贷款期限原则上按全日制本专科学制年限（在校生按学制剩余年限）最长加10年确定，最长不超过14年。学生正常学制毕业后满两年开始按借款合同约定按年度分期偿还贷款本金和利息。学制超过4年及继续攻读更高一级学位（包括第二学士学位）的借款学生相应缩短学生毕业后的还贷期限。生源地助学贷款到期日为贷款最后一年的9月20日。

（三）贷款利率

生源地助学贷款利率执行中国人民银行同期公布的同档次基准利率，不上浮。贷款利率每年12月21日调整一次。

（四）贴息政策

根据国家助学贷款有关规定，借款学生在校期间的利息全部由财政补贴。学生自毕业当年9月1日起开始按年度偿还利息。

三、申报材料

（一）贷款证明材料

在“学生在线服务系统”上进行贷款申请后导出并打印《国家开发银行生源地贷款申请表》（以下简称“申请表”）。

首次申请贷款的学生需持申请表前往村（居）委会进行资格审查并加盖公章（通过高中预申请的学生不用进行此项资格审查）。

（二）身份证明材料

1. 通过高中预申请的学生，学生及共同借款人需一起到县级资助中心办理申贷手续。需出示双方身份证原件、双方户口簿原件及新生录取通知书原件。

2. 不属于高中预申请范围且为首次贷款的学生，学生及共同借款人需要持村（居）委会加盖公章的申请表一起到县级资助中心办理申贷手续。需出示学生及共同借款人双方的身份证原件、新生录取通知书原件（高校在校学生为学生证原件）、双方户口簿原件。

3. 续贷的，学生和共同借款人任何一方到县级资助中心即可办理有关手续。需出示本人身份证原件。

四、申报及办理程序

（一）贷款受理部门

借款学生所属县（市、区）教育局学生资助管理中心（以下简称“县资助中心”）。

（二）审核材料

首次贷款时，学生和共同借款人必须同时到场，持上述申报材料向所在县资助中心提交借款申请。县资助中心对借款学生进行审查。

再次申请贷款时，借款学生或共同借款人任一方前往县资助中心，出示本人身份证原件并提交借款学生本人签字的《申请表》即可。

（三）签订合同

审查通过后与借款学生签订由湖南分行统一印制的《生源地信用助学贷款借款合同》（以下简称“借款合同”），该合同待湖南分行审批通过后方正式生效。县资助中心同时打印《国家开发银行生源地贷款受理证明》，盖章确认后交学生随同借款合同一并带往高校报到。

（四）电子合同回执单录入

借款学生成功申请生源地信用助学贷款后，生源地信用助学贷款管理系统会自动生成贷款受理证明和验证码。借款学生持盖章后的受理证明到高校报到；高校学生资助中心老师根据受理证明，登录生源地助学贷款信息管理系统，录入并确认验证码和欠缴金额；县（区）资助中心老师在系统上确认后，电子合同回执单生效。生源地信用助学贷款回执录入截止时间统一为10月10日。10月10日后高校未在助学贷款信息管理系统录入回执的，视同借款学生撤销当年开发银行生源地信用助学贷款申请。

（五）贷款发放与支付

由支付宝对借款学生进行实名认证并统一开立个人账户。借款学生在支付宝指定的银行开立结算账户，与个人支付宝账户绑定。支付宝将在国家开发银行统一规划的日期发放贷款，并将贷款资金划付至借款学生就读高校的银行账户，同时通过短信、邮件通知借款学生。

五、特别提醒

（一）借款学生应认真阅读和保管合同文本，切实履行借款学生的各项义务。

（二）如国家相关政策发生调整，按新政策执行。已办理相关贷款手续的，按原政策执行。

（三）国家开发银行及各级资助中心有权不经借款学生同意按照有关规定公布和使用借款学生个人信息以及借款学生贷款违约信息。

★（四）借款学生个人信息和借款学生贷款违约信息将被录入全国联网的人民银行个人征信系统，不良信用记录将会给个人未来的生活、工作产生深远影响。

（五）借款学生应在还款后及时登录“学生在线服务系统”查询还款结果，防止出现问题。

（六）如借款学生及共同借款人的联系电话、就业信息、住址等重要信息发生变更，请务必登录学生在线服务系统进行更新。

（七）如借款学生的高校名称、入学年份、学制或毕业年份等重要信息发生变更，请务必及时前往办理贷款的县资助中心办理就学信息变更。

详情可查询学生在线服务系统 http://www.csls.cdb.com.cn。

国家开发银行助学贷款咨询热线：95593

国家开发银行湖南省分行

二〇一五年五月

第二节　学校规章制度

一、湖南电气职业技术学院学生学籍管理规定（修订）

第一章　总　　则

第一条　为加强我院学籍管理工作，维护良好的教学秩序，保障学生的合法权益，促进学生的全面发展，根据教育部《普通高等学校学生管理规定》，结合学院实际情况，特制订本规定。

第二条　本规定适用于我院在籍学生。

第二章　入学与注册

第三条　入学。

（一）凡按国家招生规定被我院正式录取的新生，须持我院录取通知书，按学院有关要求和规定日期到校办理入学手续。因故不能按期入学者，应当由本人或委托他人以书面形式履行请假手续，请假时间一般不得超过两周。对未经请假不按期入学者，除因不可抗力等正当事由以外，视为放弃入学资格。

（二）新生入学后一个月内，学院按国家招生规定对其进行复查。复查合格者予以注册，取得学籍。复查不合格者，视不同情况予以处理，直至取消入学资格。凡属弄虚作假、徇私舞弊入学者，一经查实，立即取消学籍，情节恶劣的，由学院报请有关部门查究。

（三）对患有疾病的新生，经学院指定的三级甲等以上医院（下同）诊断不宜在校学习的，由本人提出申请，经学院批准，可以保留入学资格一年，并应在两周内办理离校手续，回家或回原单位治疗，医疗费自理，否则不再保留入学资格。保留入学资格者不具有学籍，不享受在校生待遇。保留入学资格的学生，在保留入学资格期内经治疗康复，可在下一学年新生入学前向学院教务处申请入学，由学院指定医院诊断，符合体检要求，经学校复查合格后，重新办理入学手续。保留入学资格的学生重新入学后随下一年级学习。复查不合格或逾期不办理入学手续者，取消入学资格。

（四）入伍高校新生申请保留入学资格，应当由入伍高校新生本人持高校录取通知书和身份证（户口簿）、高中阶段教育毕业证，到入伍地县（市、区）人民政府征兵办公室（以下简称县级征兵办）领取并填写《应征入伍普通高等学校录取新生保留入学资格申请表》（以下简称《保留入学资格申请表》）。学院接到入伍高校新生申请保留入学资格的有关材料后，依法依规审核录取资格，办理保留入学资格手续，在中国高等教育学生信息网学生个人信息中标注“参军入伍”，出具《保留入学资格通知书》。《保留入学资格申请表》审核加盖学校公章后，一份学院备案，另一份连同《保留入学资格通知书》寄送相关县级征兵办。县级征兵办收到上述材料后，将《保留入学资格申请表》留存备案，并在1周内将《保留入学资格通知书》送交入伍高校新生或受委托人保管。入伍高校新生在退役后2年内，可以在退役当年或者第2年高校新生入学期间，持《保留入学资格通知书》和高校录取通知书，到学院办理入学手续。

第四条　注册。

（一）每学年开学时，学生必须按时报到，并在开学后的两周内及时缴纳有关费用，教务处才能在教育部学信网上办理学年注册手续。申请学费缓交、减免、贷款的学生应持已经批准的完备手续到所在系注册，如减免、贷款的数额少于应交费用时，在学生补齐差额后予以注册。凡因故不能按期报到注册者，必须事先履行请假手续暂缓注册，未办理任何手续逾期不报到注册者，按退学处理。

（二）学生有下列情形之一的，不予注册。未注册者不能取得新学期的学籍。

1. 未按规定缴清学费的。

2. 休学、保留入学资格或其他原因离校的。

3. 达到退学规定的。

4. 其他不符合注册条件的。

（三）高职新生（含对口考取和五年制第四学年第一学期转入高职注册的学生）学籍注册工作完成后，高职新生必须登录学信网站进行本人学籍电子注册信息核对。具体操作步骤是：登录“中国高等教育学生信息网”(网址为http://www.chsi.com.cn/)，进入页面后即可看到全国普通高校新生“学籍查询”系统，在身份证号、考生号、姓名三项中至少输入两项，查询自己的学籍电子注册信息，若三项均输入，则都作为查询条件。如在图像校对过程中，查询不到本人的学籍电子注册信息，或是查询到本人的学籍电子注册信息有误，应及时到教务处找负责学籍管理的老师进一步查明学籍情况。

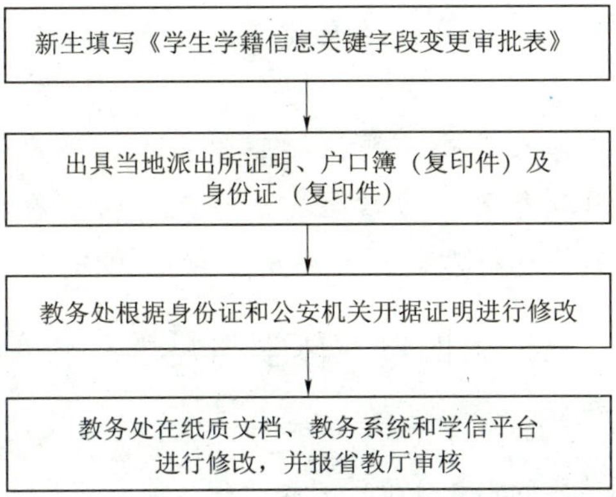

学生学籍信息关键字段变更流程图

第三章　学生身份信息变更管理办法

为规范我院学生身份信息变更管理工作，保障学生的合法权益及提高学籍管理工作的效率，依据《中华人民共和国居民身份证法》和《普通高等学校新生学籍电子注册暂行办法》，特制定本管理办法。

第五条　本办法所指的学生身份信息，主要是指在籍学生的姓名、性别、民族、出生日期、身份证号等个人身份信息。

第六条　学生真实身份信息与学校《招生录取新生名册》所记载的信息不符的，应提出变更要求。学生本人不申请的，不予办理。学生不能同时申请更改姓名和身份证号码。

第七条　学生申请变更个人身份信息资料，必须遵守《中华人民共和国居民身份证法》，否则一切法律责任由学生本人承担。

第八条　学院原则上只受理当年新入学的学生身份变更的申请。受理时间为新生入学后两个月内，逾期不提交申请和证明材料的，按招生数据进行学籍管理和发放学历证书。

第九条　因高考报名时录入错误导致信息不符的，根据学生档案中的身份证复印件等资料核实确认后可同意变更。由于高考报名后学生自行变更姓名、身份证号等导致信息不符的，要有公安户籍部门出具的证明才能变更。

第十条 符合身份信息变更的学生填写《学生身份信息变更审批表》，并提供户口簿、身份证复印件（携原件核对）和当地派出所证明材料，各系收齐相关材料后报相关部门集中办理审批手续。

第十一条 学生的身份信息变更后，由教务处将变更决定报送省教育厅，通知本校相关部门和学生，保证信息的一致性，并把变更的身份信息正式备案，作为学籍管理信息使用。学生身份信息变更后，若再次提出变更，学校将不予受理。

第十二条 学校工作人员必须严格按照学校有关规定进行变更学生个人身份资料的工作，如利用职务之便为学生变更个人身份资料提供虚假信息和违规操作，所变更的学生身份资料无效，并要承担相应责任。

第四章 休学与复学

第十三条 休学。

（一）学生可采用休学的形式分阶段完成学业。学生有下列情形之一，予以休学：

1. 因个人身体原因而不能正常学习，提出休学申请经学院审批同意的。

2. 因伤病经三甲以上医院诊断，认为必须停课治疗或休养超过六周的。

3. 由于其他特殊原因，学院认为必须休学的。

（二）入学第一学期不得休学，如因病无法坚持学习者，按本规定第五条办理。

（三）休学一般以一学年为期（因伤病经学院批准，可连续休学两年），累计不得超过两次。学期结束前开始休学者，该学期按休学计算。休学期间不得擅自来校上课，所取得的学习成绩无效。

（四）申请休学的学生必须填写《休学审批表》，经所在系同意，报教务处审核批准后，方可休学。若是医院诊断认为必须停课治疗或休养超过六周或学院认为必须休学的，学院可令其休学，并下发休学通知书。

（五）休学学生应当办理休学离校手续，学校保留其学籍。学生休学期间不享受在校学习学生待遇。休学学生患病，其医疗费自理，休学学生的户口不迁出学校。学生应征参加中国人民解放军（含中国人民武装警察部队），必须及时在国家系统做休学处理，学校保留其学籍至退役后一年。退伍复员学生，应及时来校办理复学手续，恢复学籍，跟班就读，完成因入伍而不能按时完成的学业，各科成绩合格方可毕业。若保留学籍期满不办理复学手续者，取消学籍。

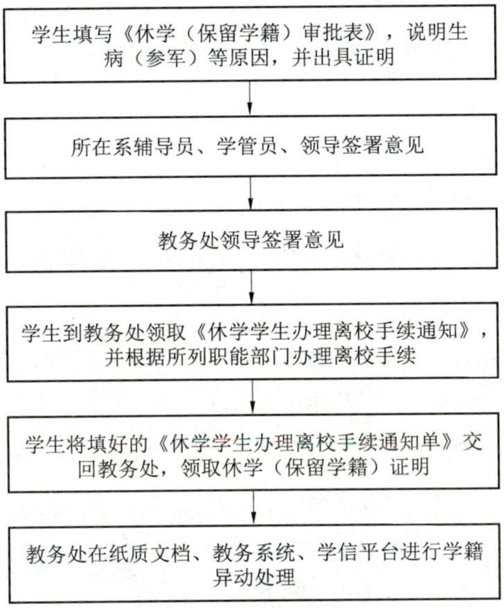

休学（保留学籍）流程图

第十四条　复学。

（一）休学期满需要复学的学生，应于学期开学前向学校提出复学申请。对因伤病休学者，需经学院指定医院复查合格后，经所在系同意，教务处审核批准，方可复学；对其他原因休学的学生，需附家长意见，经所在系同意，教务处审核批准，方可复学。开学后两周内不来校办理复学手续者，作自动退学处理。

（二）对复学的学生，若复学时该专业停招，可安排相近专业学习。如学生在休学、保留学籍期间有严重违法乱纪行为者，经发现取消其学籍。

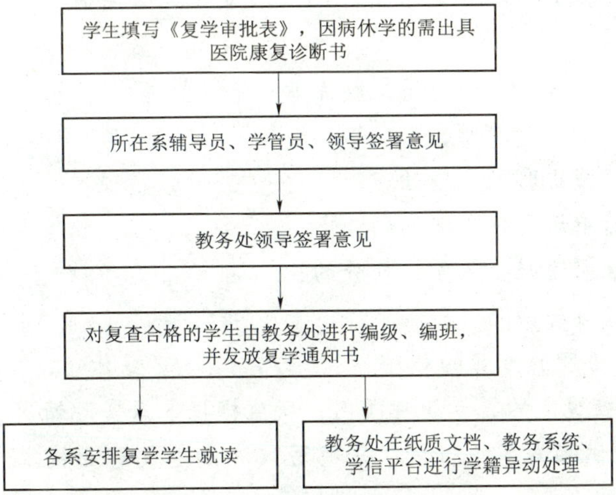

复学流程图

第五章　转专业与转学

第十五条　转专业。

（一）基本原则。

1. 学生一般不得要求转专业。

2. 学生转专业必须根据学生的意愿，在学校教学资源允许的情况下，按公开、公正、公平的原则办理。

3. 每年转专业的人数一般应控制在各专业新生报到人数的4%以内。

（二）申请条件。

1. 转专业只限一年级新生在第一学期期末12月1—10日申请办理，要求学生在原班考试结束后凭教务处的通知编入新班级。原则上三年全日制高职学生，二年级以上（含二年级）不得转专业；五年制全日制高职学生，在第二年第二学期期末向学院教务处提交转专业申请表，由教务处编入转入专业班级，就读一年后，于第三年第二学期期末向教育厅提交转专业申请确认表（因为教育厅文件规定，只有在第四年第一个学期高职转段的时候，才能在国家系统里做转专业操作）。

2. 有下列情形之一，可以申请转专业：

① 学生确有某种特长或对某专业具有浓厚的学习兴趣，转专业之后有利于发挥所长；

② 学生入学后发现某种疾病或生理缺陷，经医院检查证明不能在原专业学习，但尚能在本校其他专业学习的；

③ 学校根据社会对人才需求情况的发展变化，必要时可以适当调整部分学生的专业。

3. 学生有下列情形之一，不得转专业：

① 跨科类申请转专业的；

② 超过受理截止时间申请的；

③ 转专业后申请更改或撤销的；

④ 入学以来因违纪受到学校处分的；

⑤ 无其他正当理由的。

第十六条　办理转专业的程序。

（一）在学校规定的转专业时间内，新生根据本人实际情况，向所在系提出转专业申请，提供相关证明材料，并填写《湖南电气职业技术学院转专业审批表》。

（二）各转出系审核学生转专业申请，系主任签署审核结果和结论性意见后，由学籍管理员统一将《湖南电气职业技术学院转专业审批表》转交转入系。

（三）各转入系的系主任签署审核结果和结论性意见后，由学籍管理员统一上报教务处。

（四）教务处尽快完成审核工作，上报主管院长审批，下发转专业通知单。

（五）由学生原所在系通知批准转专业的学生办理相关手续。

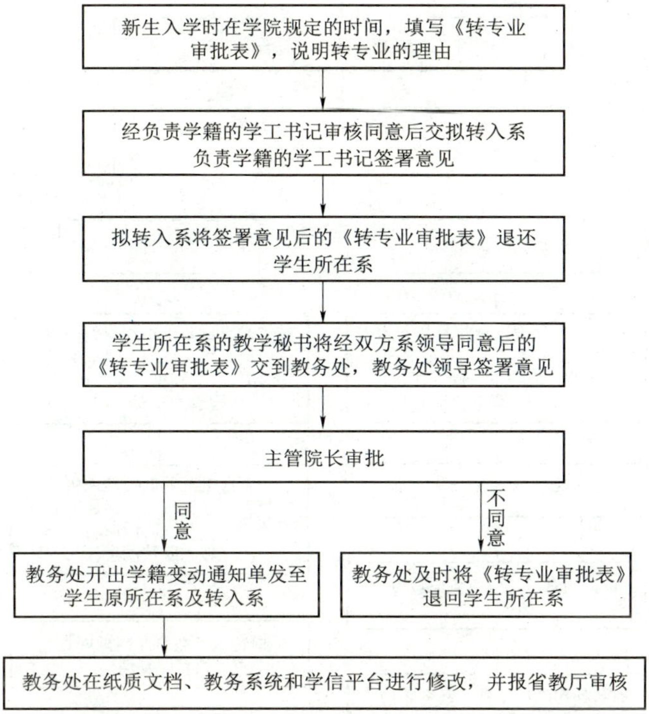

入学时转专业流程图

第十七条　转学。

（一）学生一般应当在本校完成学业。如患病或确有特殊困难，无法继续在本校学习的，可以申请转学。

（二）学生有下列情形之一，不得转学：

1. 入学未满一学期的。

2. 由招生时所在地的下一批次录取学校转入上一批次学校、由低学历层次转为高学历层次的。

3. 招生时确定为定向、委托培养的。

4. 应予以退学的。

5. 无其他正当理由的。

第十八条　学生转学，经两校同意，由转出学校报所在地省级教育行政部门确认转学理由正当，可以办理转学手续。需要转户口的由转入地省级教育行政部门将有关文件抄送转入校所在地公安部门。

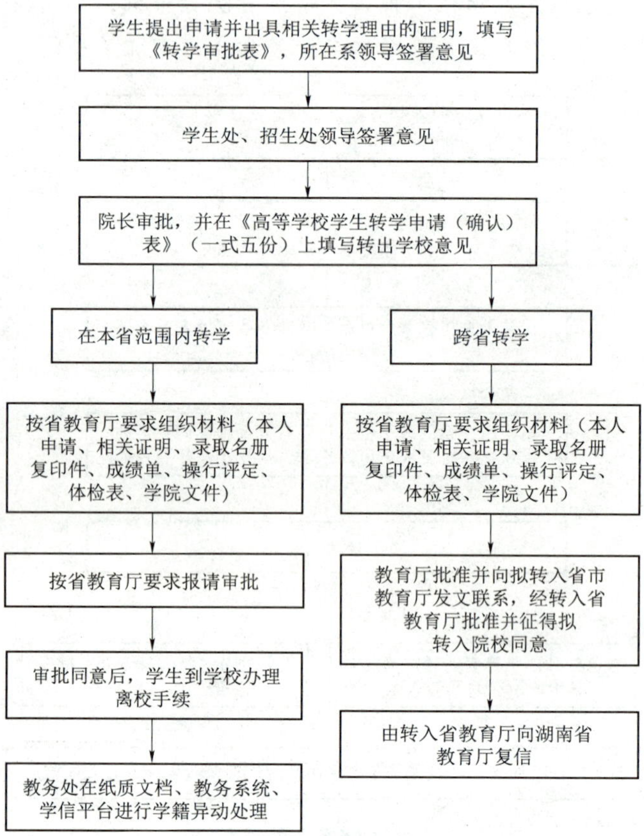

转学流程图

第六章　升级与留级

第十九条　升级。

学生学完本学年人才培养方案规定的课程，经考核成绩及格，准予升级。

第二十条　留级。

（一）经过重考，高职学生一学年累计有六门课程不及格者，五年制学生一学年累计有八门课程不及格者，其不及格的课程不能跟班重修，应予留级。

（二）学生留级时不及格课程门数，按下列规定计算。

1. 凡一门课程分几个学期讲授，而每个学期都进行考核时，每学期均按一门课程计算。

2. 凡按人才培养方案规定的各种实践教学环节，如单独进行考核时，均各按一门课程计算。

3. 体育课不及格，不计入留级或降级课程门数。

（三）留级的学生编入下一年级的相同专业学习，若下一年级未招相同专业的，则转入相近专业学习。留级学生学号不变，但应参加留入年级的各种活动，按留入年级人才培养方案的要求安排学习。前一学年所学课程已及格的，可不再参加学习和考核。前一学年不及格的课程及以前未学课程，必须重新参加学习和考核。

（四）学生在校学习期间只能留级一次，若留级后再次达到留级标准者，按自动退学处理。

（五）学生升级与留级的学籍处理以学年为单位进行。留级学生名单由学生所在系（部）于每学年第一学期第三周根据学生补考成绩确定，报教务处审核，分管院长批准。学生在接到留级通知之日起必须在 7 日以内办理有关手续，逾期不办者按自动退学处理。

第七章　退　　学

第二十一条　学生有下列情形之一，应予退学：

（一）在学校规定年限内（含休学）未完成学业的。

（二）休学期满，在学校规定期限内未提出复学申请或者申请复学经复查不合格的。

（三）经学校指定医院诊断，患有疾病或者意外伤残无法继续在校学习的。

（四）未请假离校连续两周未参加学校规定的教学活动的。

（五）高职学生一学期旷课累计超过 60 学时，五年制学生一学期旷课累计超过 80 学时（旷课一天按实际授课时数计）的。

（六）超过学校规定期限未注册而又无正当事由的。

（七）本人申请退学的。

第二十二条　学生退学，由学生所在系领导提出处理意见，经学生工作部和教务处复核，报分管院领导审批，由院长办公会议讨论决定。对主动要求退学者，填写《退学审批表》，经所在系同意，报学生工作部和教务处审核，分管院领导审批。

第二十三条　对退学的学生，由学校出具退学决定书并送交本人（送交方式可采取下列任何一种：学生本人签收；按学生通信地址邮寄。通过邮寄送达的，以回执上注明的收件日期为送达日期），同时报学院所在地省级教育行政部门备案。如果被退学学生对提供通信地址、签收等工作不配合的，在学校决定该生退学一个月内，注销其学籍。

第二十四条　退学的学生，应在退学批准之日起两周内办理退学手续并离校。逾期不办者，在确认退学决定已送达本人后，由学校直接注销其学籍。退学学生的档案、户口退回其家庭户籍所在地。

第二十五条　学院可给退学学生核发退学证明或学习证明。未经学院批准擅自离校者，不发放有关证明。退学的学生不得申请复学。

第二十六条　教务处每月28日汇总系部异动情况。自动退学报学工部公示一周后，在教育部学信网做退学处理。

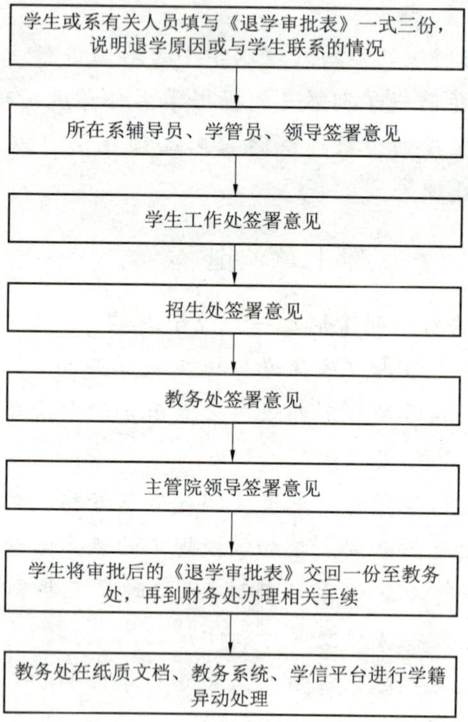

退学流程图

第八章　毕　　业

第二十七条　毕业。

（一）按教育部规定，从2010年起，大专毕业生必须在12月1—31日上“中国高等教育学生信息网”（网址为http://www.chsi.com.cn/）进行“毕业生学历图像校对”（此项功能在每年的12月1日开通）。学历图像校对内容涉及学生的个人信息，必须由学生自己上网校对（实名注册），不能委托他人代劳；同时严禁未经本人允许，尝试校对他人的图像信息。

毕业生学历证书电子注册的图像信息直接采用经毕业生本人在“中国高等教育学生信息网”上核对无误的图像信息，未及时在网上进行图像校对的毕业生，其学历证书电子注册信息将不能查询，其后果由学生本人承担。

（二）学生在学校规定年限内，修完人才培养方案规定内容（含实践环节）并取得规定的最低学分，德、智、体达到毕业要求，准予毕业，由学校发放毕业证书。

第九章　考勤与纪律

第二十八条　学生必须按时参加学校和系统一安排、组织的教育教学活动，不得迟到早退，违者予以批评教育，屡教不改者给予纪律处分。上课、实验、实训、实习、劳动、重要活动等都要进行考勤，并按下列规定执行：

（一）学生入校后，一般按专业编成自然班进行日常管理。自然班组织、安排的活动由自然班进行考勤；学生按教学班进行上课，由教学班进行考勤。因故不能参加的，必须事先请假，否则按旷课处理。

（二）学生在校学习期间未经批准，不得擅自离开本校，在节假日期间，必须按规定时间离校返校，否则按旷课处理。

第二十九条　学生请假要严格按照学院相关规定和程序办理。如在实习周、实训周、课程设计周等集中教学阶段请假时，必须经任课教师同意。学生未按规定程序请假或请假手续不全而休假的，按旷课处理。学生请假条由学生所在系集中保管。请假期满应到所在系销假。如假期满仍不能继续学习，应按规定办理续假手续，否则以旷课处理。

第十章　奖励与处分

第三十条　奖励。

（一）学校对在德、智、体、美等方面全面发展或者在思想品德、学业成绩、科技创造、技能竞赛、锻炼身体及社会服务等方面表现突出的学生，给予表彰和奖励。

（二）表彰和奖励采取授予“三好学生”称号或者其他荣誉称号、颁发奖学金等多种形式，给予相应的精神鼓励或者物质奖励。

第三十一条　处分。

（一）对有违法、违规、违纪行为的学生，学校依据学院有关学生违纪处分的规定，视行为的性质和过错的严重程度，给予批评教育或者纪律处分。

（二）纪律处分的种类分为以下几种：

1. 警告；

2. 严重警告；

3. 记过；

4. 留校察看；

5. 开除学籍。

（三）学生有下列情形之一，给予开除学籍处分：

1. 违反宪法，反对四项基本原则、破坏安定团结、扰乱社会秩序的。

2. 触犯国家法律，构成刑事犯罪的。

3. 违反治安管理规定受到处罚，性质恶劣的。

4. 由他人代替考试、替他人参加考试、组织作弊、使用通信设备作弊及其他作弊行为严重的。

5. 剽窃、抄袭他人研究成果，情节严重的。

6. 违反学校规定，严重影响学校教育教学秩序、生活秩序以及公共场所管理秩序，侵害其他个人、组织合法权益，造成严重后果的。

7. 屡次违反学校规定受到纪律处分，经教育不改的。

（四）在一学期内，旷课累计达到10学时及以上的分别给予以下处分：

1. 累计达10~19学时的，给予通报批评。

2. 累计达20~29学时的，给予警告处分。

3. 累计达30~39学时的，给予严重警告处分。

4. 累计达40~49学时的，给予记过处分。

5. 累计达50~59学时的，给予留校察看处分。

（五）学院对学生的处分，遵循程序正当、证据充分、依据明确、定性准确、处分适当的原则进行。在对学生做出处分决定之前，应听取学生或其代理人的陈述和申辩。

（六）学校对学生做出处分，应当出具处分决定书送交本人，因特殊情况无法送交本人的，则在校内发布公告，自发出公告之日起，经过7天，即视为送交。对学生的处分决定书包括处分和处分事实、理由及依据，并告知学生可提出申诉及申诉的期限。

（七）学院成立学生申诉处理委员会，受理学生对取消入学资格、退学处理或违规、违纪处分的申诉。学生申诉处理委员会由学院负责人、职能部门负责人、教师、学生代表组成。

（八）学生如对学籍处理或处分决定有异议，在接到学院处理或处分决定书之日起5个工作日内，可向学院学生申诉处理委员会提出书面申诉。学生申诉处理委员会对学生提出的申诉进行复查，并在接到书面申诉之日起15个工作日内，做出复查结论并告知申诉人。需要改变原处理或处分决定的，由学生申诉处理委员会提交学院重新研究决定。学生如对复查决定有异议，在接到学院复查决定书之日起15个工作日内，可向湖南省教育厅提出书面申诉。

（九）从处理或处分决定或复查决定送交之日起，学生在申诉期内未提出申诉的，学院不再受理其提出的申诉。

（十）对学生的奖励、处分材料，完整地归入学院文书档案和本人档案。

第十一章　附　　则

第三十二条　本规定自颁布之日起施行。原颁布的《湖南电气职业技术学院学籍管理规定》同时废止。其他规定与本规定不一致的，以本规定为准。

第三十三条　本规定由教务处负责解释。

二、湖南电气职业技术学院学生违法、违规、违纪处分条例

第一条　为维护我院正常的教学、科研、生活秩序，加强校风建设，严肃校纪，培养有理想、有道德、有文化、有纪律、德智体美全面发展的人才，根据国家教育部颁发的《高等学院学生管理规定》的精神，结合本校实际情况特制定本条例。

第二条　学生违反校纪校规，视情节轻重，分别给予下列纪律处分：警告、严重警告、记过、留校察看、开除学籍。

第三条　留校察看原则上以一年为期，毕业班学生可为半年。受留校察看处分的学生，在察看期内有明显进步表现的，可以解除其留校察看处分；无明显进步表现的，应延长其留校察看时间；经教育不改或在察看期内又犯受警告以上处分错误的，给予开除学籍处分。

第四条　对有反对四项基本原则的言论和行为者，按以下规定处理：

1. 经教育后认错态度好，并有真诚悔改或显著进步者，给予留校察看处分；

2. 经教育后仍坚持自己的错误而不改者，给予开除学籍处分。

第五条　对组织和煽动闹事、罢课、罢考、扰乱社会秩序和教学秩序，违规张贴大/小字报者，按以下规定处理：

1. 情节较轻，能正视错误者，给予记过处分；

2. 情节较重，但经教育后认错较好，并有真诚悔改或显著进步者，给予留校察看处分；

3. 情节较重，经教育后坚持错误者，给予开除学籍处分。

第六条　对损坏公物或他人财物者，按以下规定处理：

1. 过失者，按损坏公物价值予以赔偿；

2. 故意者，视其情节除赔偿外，给予严重警告以上处分；

3. 毕业（结业）等原因离校时，破坏公物或在公共设施上乱涂乱画者，给予严重警告或记过处分，并通知用人单位。情节恶劣者，取消其派遣资格，并将其户口迁回其原籍所在地。

第七条　对偷窃、诈骗、敲诈勒索国家、集体或私人财物者，按以下规定处理：

1. 作案价值在100元下（含本数，下同）者，给予严重警告或记过处分；

2. 作案价值在100~200元或作案两次、价值在100元以下者，给予记过或留校察看处分；

3. 作案价值在200元以上或作案三次以上（含三次）者，给予勒令退学或开除学籍处分；

4. 作案未遂，但经保卫、公安部门确认已作案者，给予警告处分。

第八条　严禁学生在校园内酗酒，违者给予警告处分；屡犯或因酗酒造成不良后果者，给予严重警告或以上处分。凡往楼下扔酒瓶和其他重物者，视情节和后果，给予严重警告或以上处分。

第九条　严禁学生打麻将，一经发现，视其情节，给予严重警告或以上处分。

第十条　禁止学生以任何形式进行赌博，一经发现，视其情节，给予记过或以上处分。虽未直接参与赌博，但在现场观看或为赌博活动提供条件者，给予严重警告或以上处分。

第十一条　对品行不端、道德败坏者，按以下规定处理：

1. 扰乱课堂、考场、会场、学生宿舍区、图书馆、食堂等公共场所秩序者，视情节给予警告或严重警告处分；

2. 在校外犯有损于学院声誉的事，在社会上造成不良影响者，给予警告或严重警告处分；

3. 严禁学生在教室、图书室、实验室、会场等公共场所吸烟、嚼槟榔，违者给予通报批评，不听劝阻或屡教不改者给予警告处分；学生不得只穿背心、内/短裤或拖鞋进入上述公共场所，违者给予警告处分；

4. 校园内男女交往要举止得体；

5. 观看或复制、传播黄色淫秽录像、刊物者，给予记过以上处分直至追究刑事责任。

6. 妨碍他人通信自由者，视情节给予警告以上处分。

第十二条 对打架、斗殴者，除按规定赔偿受害人医疗费、营养费等费用外，按以下规定处理：

1. 肇事者（首先通过各种方式的言行挑起事端、争执、纠纷）：

（1）肇事虽未动手打人，但造成打架后果者，给予警告处分；

（2）肇事并动手打人未伤他人者，给予严重警告处分；

（3）肇事并动手打人至他人轻伤者，给予记过以上处分；造成严重后果者，给予留校察看以上处分。

2. 策划、聚众打架者：策划、聚众打架为首者，给予留校察看处分；胁从者，给予记过处分；造成严重后果者，给予开除学籍处分。

3. 与人打架者（虽不属肇事，但防卫过当），视情节轻重给予警告以上处分。

4. 参与打架或动手打人者：

（1）动手打人未伤他人者，给予严重警告处分；

（2）动手打人致他人轻伤者，给予记过以上处分；

（3）动手打人造成严重后果者，给予留校察看以上处分。

5. 以“劝架”为由庇护一方，促使打架事态发展并造成后果者，给予记过处分。

6. 为打架者提供凶器未造成后果者，给予记过处分。造成一般后果，给予留校察看处分。造成严重后果者，给予开除学籍处分。情节严重者，提交公安机关处理。

7. 同学之间发生矛盾或争执，邀校外人员来殴打对方者，视情节给予留校察看或开除学籍处分。

8. 在打架事件处理过程中，故意为他人做伪证，使调查造成困难者，给予严重警告处分。

9. 一人有两款以上行为者，加重一级处罚。

第十三条 未经宿管部门同意，男生不准进入女生宿舍，女生在规定的午休和晚上就寝时间内不准进入男生宿舍，如有违犯者，第一次给予通报批评，第二次给予警告处分，三次以上给予严重警告或以上处分。

第十四条 学生不得留宿校外人员，一经发现给予警告处分。留宿异性者，给予勒令退学处分。学生在校外租房住宿者（未经学院批准），一经发现，给予留校察看处分。租房留宿异性者给予开除学籍处分。

第十五条　在学院规定晚自习时间内，学生必须按时参加自习，不得出校看电影、跳舞、玩游戏机等，一经查出按每次旷课两学时处理。

第十六条　学生在晚自习时间后外出，在学生公寓熄灯前未归或翻越学院大门、宿舍大门、栏杆的，给予全校通报批评，屡犯者给予警告以上处分。晚上未在寝室就寝者给予严重警告处分，两次（含两次）以上给予记过以上处分。学生因故晚归、外出实习、节假日回家时，必须事先经班主任同意，报学生工作部批准，并在学生工作部宿管员处登记。

第十七条　在学生宿舍晚上熄灯后，严禁学生点燃蜡烛、违章用电及使用其他明火照明，引起火警除按《宿舍管理条例》处理外，并给予记过以上处分，造成火灾者按《湖南省消防安全管理条例》惩处。

第十八条　学生不得乱泼污水、乱扔杂物，一经发现给予通报批评，屡犯者给予警告处分。在学院规定的工作时间内，自行车必须停放在指定场所，严禁乱停乱放，违纪者，第一次给予通报批评，第二次给予警告处分，屡教不改者，给予严重警告以上处分。

第十九条　学生不得在校内使用气枪，一经发现给予严重警告处分。

第二十条　学生不得无故旷课，如有违犯，根据一学期累计的旷课时数按以下规定处理：

1. 累计达10~19学时的，给予通报批评；
2. 累计达20~29学时的，给予警告处分；
3. 累计达30~39学时的，给予严重警告处分；
4. 累计达40~49学时的，给予记过处分；
5. 累计达50~59学时的，给予留校察看处分。

第二十一条　有下列情形之一者，加重一级处分：

1. 违纪后拒不承认错误，态度恶劣者；
2. 曾受过处分者；
3. 打架斗殴中，持械打伤人者；
4. 对检举人、证人或执行公务的工作人员辱骂、威胁或报复者。

第二十二条　对考试舞弊者，给予留校察看处分，并取消一次补考机会。代考、被代考、协同舞弊者及第二次考试舞弊者，给予开除学籍处分。

第二十三条　对构成开除学籍处分条件的学生，在做出处理之前经教育后认错态度良好，并有立功表现者，可酌情减为留校察看处分。

第二十四条 对受处分者，附加以下处罚：

1. 凡受处分者，取消该学期奖学金及所有评优、学杂费减免、困难补助等评定资格；

2. 如受处分的学生是党员或团员，建议党/团组织给予相应处分。

第二十五条 学生违反国家法规，除由公安部门按有关法律条文处理外，还附以下行政处罚：

1. 被处以治安警告、罚款者，给予严重警告以上处分；

2. 被处以治安拘留者，给予留校察看以上处分；

3. 被处以管制、拘役、徒刑或劳教者，给予开除学籍处分。

第二十六条 凡属本条例未列举的违纪行为，确要给予处罚的，可参照本条例相关条款给予处理。

第二十七条 学生工作部分决定的层次管理和报批程序：

1. 给予学生警告、严重警告、记过处分，由学生工作部审批，经主管领导签发；

2. 给予学生留校察看、开除学籍处分，由学生工作部审核，报请校务会议审议后，由院长签发；

3. 触犯法规的学生，由校保卫处处理，处理结果报送学生工作部备案；

4. 学生在宿舍区发生违纪行为或学生工作部人员查获的学生违纪行为，院学生工作部可依照本条例有关条款直接提出处理意见，报学院研究决定；

5. 考试舞弊由教务处将材料在当天之内转给学生工作部，学生工作部在两天之内按第二十三条规定直接作出处理，处理结果报送教务处备案。

第二十八条 对学生进行处罚应本着惩前毖后、治病救人、实事求是、具体分析、集体讨论、慎重处理的原则，并做好受处分学生的思想教育工作。处理结论要与学生本人见面，学院有责任进行复查。

第二十九条 对学生作出开除学籍的处分允许申诉，由学院审批后报上级主管部门备案，其中因政治问题开除学籍处分的，必须经省教育厅有关部门同意，由省教育厅主管部门审批。学生被开除学籍，其善后工作按学籍管理有关规定处理。

第三十条 凡给学生的处分决定，均以学院名义发文；其处分材料进入学生本人档案和学院文书档案。对受记过（含记过）以下处分的学生，如有真诚悔改，在校期间不再违反校纪校规，并有明显进步，综合测评（德育考核）分排所在班级前 10 名者（班级人数不足 30 人，按排名前 30% 计），在毕业前，经本人申请，所在年级讨论并报学生工作部审核、分管校领导批准后，可撤销对其处分，原处分材料不进入学生本人档案。毕业班学生在最后一学期违纪受处分，不予撤销。

第三十一条　本条例适用于本院在籍学生。

第三十二条　本条例所规定的条款及未尽事宜由学生工作部负责解释。

三、湖南电气职业技术学院学生校内申诉处理规定

第一章　总　　则

第一条　为保障学生的合法权益，规范学生校内申诉制度，保证学院处理行为的客观、公正，根据《中华人民共和国高等教育法》、国家教育部《普通高等学院学生管理规定》（教育部令第21号文件）和其他相关法律、法规，特制定本规定。

第二条　学生提出申诉的范围是：学生或其代理人对学院作出的涉及本人权益的取消入学资格、退学处理或者违规、违纪处分有异议的，可以提出申诉。

第三条　本规定适用于我院高职专科在籍学生。

第二章　申诉处理组织

第四条　学生申诉处理委员会（以下简称申诉委员会）是学院受理学生申诉的常设机构。

第五条　申诉委员会由9~11人组成，组成人数应当是单数；由与申诉事项有关的分管校领导、部处负责人、学院监察部门负责人和教师、学生代表组成。

第六条　申诉委员会办公室设在学生工作部。

第三章　申诉的受理

第七条　学生对学院作出的涉及学生本人权益的取消入学资格、退学处理或者违规、违纪处分（包括警告、严重警告、记过、留校察看、开除学籍等纪律处分）有异议的，应当在收到决定或公告之日起五个工作日内向学院提出申诉。

第八条　学生提出申诉时，应当向申诉委员会递交申诉申请书，并附上学院作出的处理决定（复印件）。申诉书应当包含下列内容：

1. 申诉人的学号、姓名、性别、专业班级及其他基本情况；

2. 申诉的事项、理由及要求；

3. 申诉的日期。

第九条　对学生提出的申诉，申诉委员会应当在接到申诉书之日起三个工作日内，区别不同情况作出如下处理：

1. 受理，同时告知申诉人；

2. 材料不齐备，限期补正。过期不补正的视为不再申诉。

第十条　对决定予以受理的申诉，申诉委员会应当在接到申诉申请书后的五个工作日内，启动申诉的处理程序，并在自接到申诉申请书后的十五个工作日内产生对申诉的处理决定。

第四章　申诉的处理程序

第十一条　申诉委员会根据实际情况可以采取书面审查或开听证会的方式处理申诉。

采取书面审查方式的，申诉委员会也应当对相关当事人进行询问，展开必要的查证。

申诉委员会决定采取听证会方式进行调查的，应当按照第五章相关规定和程序进行。

第十二条　申诉委员会应当根据实际情况提出处理意见，区别不同情况，作出下列决定：

1. 原处理决定正确的，维持原处理决定；

2. 原处理决定依据不当或者处理明显不当的，作出变更原处理决定的决定或建议。对变更留校察看以下处分（含）的，直接作出决定，以学院名义发布，为学院的最终决定；对变更退学处理或开除学籍处分的，提出建议，由院长办公会议研究决定。

第十三条　申诉处理意见必须获得申诉委员会三分之二以上（含）人员同意，方为有效。

第十四条　受理申诉的机关应当将申诉处理决定书及时送达申诉人。送达方式可以采取下列任何一种：本人签收；按申请书通信地址邮寄。

第十五条　在申诉期间，原处理决定不停止执行，下列情况除外：

1. 申诉人或其代理人申请，经申诉委员会批准的；

2. 由于其他特殊原因，申请委员会认为应当暂停执行的。

第十六条　学生对复查决定有异议的，在接到学院复查决定书之日起十五个工作日内，可以向上级教育行政主管部门提出书面申诉。

第十七条　在未作出申诉处理决定前，学生可以撤回申诉。要求撤回申诉的，应当以书面形式提出，受理申诉的机关在接到关于撤回申诉的申请书后，可以停止受理工作。

第五章　听证的规定和程序

第十八条　申诉委员会根据申诉人或其代理人的请求，或申诉委员会认为应当实施听证程序而申诉人或其代理人未请求听证的，在征得申诉人或其代理人同意后，可以召开听证会。听证主持人由申诉委员会成员担任。

第十九条 听证主持人就听证活动行使下列职权：

1. 决定举行听证的时间、地点和参加人员；

2. 决定听证的延期、中止或者终结；

3. 询问听证参加人；

4. 接收并审核有关证据；

5. 维护听证秩序，对违反听证秩序的人员进行警告，对情节严重者可以责令其退场；

6. 向申诉委员会提出对申诉的处理意见。

第二十条 听证主持人在听证活动中应当公正履行主持听证的职责，保证当事人行使陈述权和申辩权。

第二十一条 参加听证的当事人和其他人员应当按时参加听证，遵守听证秩序，如实回答听证主持人的询问，依法举证。

第二十二条 听证开始前，听证记录员应当查明听证参加人是否到场，并宣读听证纪律。

第二十三条 听证应当按照下列程序进行：

1. 听证主持人宣布听证开始，宣布案由；

2. 作出处分或处理的经办人就有关事实和依据进行陈述；

3. 申诉当事人就事实、理由、证据或依据进行申辩，并可以出示相关证据材料；

4. 经听证主持人允许，听证参加人可以就有关证据进行质问，也可以向到场的证人发问；

5. 有关当事人作最后陈述；

6. 听证主持人宣布听证结束。

第二十四条 听证记录员应当将听证的全部活动进行笔录，并由听证主持人和听证记录员签名。听证笔录还应当由当事人当场签名或者盖章。

第二十五条 听证结束后，听证主持人应当主持制作听证报告。

第六章 附 则

第二十六条 本规定自2010年9月1日起施行。

第二十七条 本规定解释权在学生工作部。

四、湖南电气职业技术学院学生思想品德测评细则

第一章 总 则

（一）学生操行测评的内容包括学生个人思想政治素质、品德修养、遵纪守法、治学情况、活动能力等方面的测评，每月汇总一次，由班主任组织班委测评打分。

（二）学生个人操行测评基本分为80分，在此基础上，根据情况采取加分和扣分的办法计算操行测评分。操行测评成绩按四级记分制记录（优：90分以上；良：75~89分；及格：60~74分；不及格：60分以下）。此分是学生参加评优、奖学金评定、毕业推荐就业以及升学的主要依据。

（三）本细则各项加减分是一个基本原则，各班可依据本班实际情况增减项目，但加分程序不得超出此细则规定。

（四）凡受到学院通报批评者，当月操行测评扣20分。凡受警告、严重警告、记过、留校察看者，当月测评分分别扣50分、55分、60分、65分，在撤销处分之前不能享受奖学金。

（五）学生违反政治纪律、法律、校规校纪受到处分者，操行测评按总则第四条扣分。

（六）学生在校期间有三个学期操行测评不及格者不予正常毕业。

第二章 细 则

（一）加分项目及标准。

1. “三好学生”“优秀学生干部”“校园十佳”称号获得者当月加5分，获得市级荣誉者当月加10分、省级荣誉者当月加15分、国家级荣誉者当月加25分。

2. 在学院或年级组织的各项活动中，团体或个人获得前三名者，每人加3分，在校际各项竞赛中争得荣誉者，当月加5分。

3. 积极投稿见报者，校内刊物每稿加2分，市级以上刊物每稿加5分。积极投稿未发表者加0.5分。

4. 每月各项评比列年级前三名的班级，主管干部加3分，每月评比年级优胜班级的班长加5分。

5. 工作责任心强，对上级交给的任务完成出色的学生会干部、团委委员、系学生会干部和团支部委员酌情加1~5分（由学工处、团委提出），班团干部由班主任酌情加1~3分。

6. 当月全勤者加2分（无任何病、事假，无迟到、早退、无故不参加集体活动者）。

7. 积极参加各种公益劳动，酌情加0.5~1分。当月被评为“文明寝室”的寝室长加3分，寝室成员加2分。

8. 各项好人好事酌情加0.5~1分。受到学校表扬的个人酌情加2~4分，见义勇为、检举揭发不良倾向、同坏人坏事作斗争者当月每人次加5分。

9. 平时学习刻苦认真，成绩优异，阶段以上单科成绩在80~84分加1分，85~89分加3分，90分以上加5分。

10. 参加高教自考每通过一门当月加5分。

11. 积极加强学生科协活动，每完成一项成果加10分。

12. 测评复核时班主任掌握10分，班长掌握5分，视学生表现情况酌情打分。

（二）减分项目及标准。

1. 穿背心、拖鞋进入教学楼、实验楼、图书馆、实习场地等公共场所，每人次扣2分。

2. 在教室、寝室或公共场所起哄，拍桌喝倒彩，敲铁桶、脸盆、饭盆等制造噪声者，每人次扣5分。

3. 在规定不准踢球的区域踢球者每人次扣2分。

4. 吵架、骂人者，故意刁难学生干部工作者，不尊敬教职员工者，每人次扣5分。

5. 故意损坏公物除赔偿外视情节轻重酌情扣5~20分。

6. 乱撕布告，乱涂抹“通知”、板报者，每人次扣5分。

7. 在教室、寝室、公共场所乱扔纸屑、果皮和其他杂物，乱吐痰，乱泼水者，除按校园文明执纪队规定执行外，视情节扣3分。

8. 晚自习必须在教室、寝室、图书馆阅览室、机房等场所进行，不得在其他地方，违者每人次扣3分。

9. 平时学习不认真，成绩差者，阶段以上测验不及格者，每门次扣1分，学期总评成绩不及格者每门次扣5分。

10. 无故不完成班上交给的各项任务者一次扣5分。

11. 旷课（含自习、实习、劳动、实验及各种集会）者，每节扣5分。

12. 上课（含自习、实习、劳动、实验及各种集会）迟到、早退一次扣1分。

13. 病假每次扣1分（住院除外），事假每次扣2分（以学工处批准的假条为准，特殊事假除外）。

14. 不遵守寝室纪律，吵闹以影响他人休息者一次扣3分。熄灯后往楼下扔杂物者一次扣 10 分，并参照总则第四条执行。

15. 在学生公寓私自留宿他人者，每人次扣 20 分。

16. 无故不参加各种公益劳动者（卫生值日不到位者），一次扣 5 分；宿舍卫生低于 9.5 分（不含 9.5 分）每少 0.1 分扣责任者 1 分。

17. 宿舍月评中被认定为最差寝室的全体成员每人扣 10 分。

18. 班级各类报表有隐瞒、虚假行为的扣责任人 5 分，并取消有关干部的年度评先资格。

19. 学生干部工作例会无故不参加者，除扣班级考核分外，学生干部本人扣测评分 5 分。学生干部工作例会迟到、早退者，除扣班级考核分外，学生干部本人扣测评分 2 分。

20. 在各种文体竞赛中不尊重、不服从裁判的每人次扣 3 分，起哄制造事端的扣责任人 10 分，不服从仲裁随意弃权的扣主要干部 5 分。

21. 系学生会月度评比竞赛不及格班级，扣班长 5 分，各部考核不及格扣对应班干部 3 分。妨碍学生工作部、学生会进行检查评比的视情节扣 5~10 分。

第三章　附　　则

学生操行测评是一项严肃认真的工作。各班班委必须本着实事求是的原则认真考核，经班主任审核后于次月 2 日上报系学办，由系党总支书记进行复核后，于每月 6 日由各班公布测评结果。对于学生连续两月不及格者，将取消当年奖学金和助学金的评选资格。

五、湖南电气职业技术学院走读学生管理办法

为了确保学生有一个稳定的学习环境，学院要求学生在校学习期间应住校，但家住湘潭城区、情况特殊的学生可申请走读。为规范对走读学生的管理，特制定本办法。

（一）走读手续的办理。

学生本人提出书面申请，填写走读生登记表，家长、班主任及学生工作部负责人签署意见，由主管学生工作的院长签字同意后，方可办理走读，并由各系部、学生工作部宿舍管理中心备案。

（二）管理办法。

学生应在每学期开学报到时办理走读手续，走读时限以学期为单位，学院不予受理阶段性走读。

走读学生可不上早操和早晚自习，在校时必须严格遵守各项校规校纪，遵

守作息时间，不迟到、不早退、不旷课。否则按相关学生管理规定处理。

走读生正常在校学习时间内，学院负责管理和教育，其他时间均由学生家长自行管理教育。

走读生在校学习期间必须参加学院及班级统一组织的活动，否则按学院有关规定处理。

走读生办理走读手续后，不得留宿于学生寝室。一经发现，视为违纪并按寝室管理相关规定处理。

（三）本办法适用于所有在校学生，由学生工作部负责解释。

六、湖南电气职业技术学院关于推荐优秀团员作为党的发展对象工作的实施办法

第一章　总　　则

第一条　为进一步做好在团员中发展党员的工作，根据中央组织部、共青团中央委员会《关于进一步做好推荐优秀团员作为党的发展对象工作的意见》精神，结合我校实际情况，特制定本办法。

第二条　中国共产主义青年团是中国共产党领导的先进青年群众组织，是中国共产党的助手和后备军，推荐优秀团员作为党的发展对象是党赋予共青团的一项光荣任务。

第三条　推荐优秀团员作为党的发展对象工作（以下简称“推优”工作），要以邓小平理论和“三个代表”重要思想为指导，坚持党的基本路线，努力把优秀团员吸收到党组织中来，充实党的新生力量，加强党员队伍建设，进一步激发广大团员青年的政治热情，增强共青团组织的吸引力和凝聚力。

第四条　学院成立“推优”工作领导小组，指导各级团组织开展“推优”工作，院党委组织部部长任领导小组组长，院团委书记任副组长，各系党总支书记为组员。

第五条　在院团员入党，原则上应经过团组织推荐。“推优”是大学生党员发展工作的主渠道，是优秀团员成为大学生党员的主要来源。

第二章　推荐对象和条件

第六条　团组织向党组织“推优”，要坚持党章规定的党员基本条件，准确理解和掌握党员标准的时代特征，真正把团员中的优秀分子推荐给党组织，既要防止求全责备，也要避免放松要求。

第七条 “推优”对象为湖南电气职业技术学院全体团员青年。

第八条 “推优”条件有以下几点：

1. 拥护党的纲领，遵守党的章程，熟悉党的基本理论知识，认真贯彻执行党的路线、方针、政策；

2. 年满18周岁的团员，思想进步，志愿加入中国共产党，已向党组织递交入党申请书，参加党校学习培训并取得结业证书；

3. 自觉遵守国家法律法规、学院规章制度和团的纪律，执行团的决议。积极参加团组织的各项活动，自觉履行团员义务，发挥团员的先锋模范作用，群众基础好；

4. 有全心全意为人民服务的自觉意识，责任心较强，甘于奉献；

5. 学习目的明确，态度端正，成绩优良。

第九条 凡属于下列情况者，可以优先推荐：

1. 获国家、省（市）级表扬的先进个人；

2. 获学院三好学生标兵、创新十佳、文艺十佳、宣传十佳、体育十佳、优秀学生干部、优秀团干、优秀团员等荣誉称号的先进个人；

3. 在各级（全国、全省）大学生课外学术科技作品竞赛、大学生创业计划大赛等科技创新活动中取得优秀成绩的先进个人；

4. 获国家、省（市）、校、院级表彰的各类先进集体的主要骨干及在其中起主要作用的团员；

5. 在见义勇为、助人为乐、奉献爱心等某一方面表现突出的团员。

第十条 凡在校期间曾受过学院各级各类处分者，至少一年内不予“推优”。凡被确定为“推优”对象后受到学院通报批评和处分者，取消“推优”资格。

第三章 推荐程序

第十一条 “推优”工作一般每学期进行一次。团支部根据“推优”条件，拟定符合“推优”条件的团员名单。

第十二条 团支部召开团员大会，团员大会到会人数应超过本支部实有团员总数三分之二方可召开。全体团员对符合“推优”条件的团员进行民主评议。民主评议按以下程序进行：

1. 支部委员会介绍申请入党的团员情况；

2. 申请入党的团员进行个人总结；

3. 与会团员对申请入党的团员进行民主评议并进行无记名投票，票数超过到会团员半数以上者，确定为“推优”候选人。

第十三条　团支部要写出“推优”候选人的推荐意见，报院团总支审定。系团总支根据本年度发展计划确定“推优”对象名单，并签署意见报送院团委备案。同时，认真组织好《湖南电气职业技术学院“推优”对象登记表》的填写工作。

第十四条　“推优”意见在一年内有效。“推优”对象一年内没有被发展为中共党员的，应重新推荐。

第十五条　从外单位转入我院的团员，原单位团组织已作为“推优”对象向党组织推荐的，推荐意见在一年内有效。超过一年的仍应与其他团员一起“推优”。

第十六条　党组织要特别重视学生干部的入党问题，对团组织推荐的优秀学生干部要重点培养、教育。团的各级组织也要逐级负责，加强对基层学生干部的培养和推荐工作。

第四章　“推优入党”工作的要求

第十七条　党组织要把团组织“推优入党”工作作为发展党员的重要环节。

第十八条　团组织应在党组织的领导下发挥团组织的助手作用，把推优工作纳入团的组织建设之中，并把它作为评价团组织工作的一项重要内容。

第十九条　党团组织可以通过团校、党校等载体，开展主题教育活动，为要求入党的积极分子创造学习和进步的机会，同时，进一步落实对“推优”对象的培养教育措施，经常了解他们的思想、学习、工作和生活情况，及时进行帮助教育，促进其成长和提高。

第二十条　院团委要加强对“推优”工作的指导和监督，积极帮助基层团组织解决在“推优”工作中遇到的困难和问题；对弄虚作假、违反规定操作的，视情节追究有关人员的责任。每年对“推优”工作进行一次检查，总结经验，抓好落实，促进“推优”工作的健康发展。

第二十一条　党团组织应协调一致，互相反馈信息，保证“推优”工作顺利进行，避免片面性、随意性，防止走过场和形式主义。

第二十二条　团支部可以根据工作安排，结合优秀团员、优秀团干的评选工作进行“推优”工作。

第二十三条　团组织向党组织的推荐意见必须以书面形式提交，其内容包括：

1. 被推荐人的申请书和申请材料；
2. 团支部民主评议会的原始记录；
3. 民主评议情况总结；
4. 团支部的推荐意见。

第五章 附 则

第二十四条 本办法自2010年9月1日起施行，过去有关规定与本办法不符者，以本办法为准。

第二十五条 本办法由院团委负责解释。

七、湖南电气职业技术学院勤工助学管理办法

为了培养学生的劳动精神和社会实践能力，锻炼和提高学生的综合素质，帮助家庭经济困难的学生顺利完成学业，根据上级关于设立高校学生勤工助学基金、开展学生勤工助学活动的规定和要求，结合我院实际情况，制定本办法。

（一）学生勤工助学基金

学院从学生缴费总额中按比例提取建立学生勤工助学基金，设专户管理，专款专用。

（二）学生勤工助学的领导

学院成立学生勤工助学领导小组，由主管学生工作的校领导担任组长，各部门负责人任成员，负责研究决定学生勤工助学的重要事项；领导小组办公室设在学生工作部，负责勤工助学的管理工作；学院成立勤工助学服务中心，负责校外勤工助学活动的联系工作。

（三）学生勤工助学的主要项目

1. 校内

① 教学楼、办公楼、宿舍楼的兼职管理、清洁卫生工作；

② 校园公共环境卫生区的清洁工作；

③ 校园绿化地带的清洁和养护工作；

④ 参加教学楼、办公楼、学生宿舍楼的小型修缮工作；

⑤ 寒、暑假护校值班和劳动；

⑥ 其他临时项目。

2. 校外：与专业相关的工作。

（四）学生勤工助学的条件

原则上在校学生均有资格申请参加勤工助学活动，优先考虑家庭经济困难且学习好、表现好的学生参加。参加勤工助学的学生应符合以下基本条件：

1. 学习认真，成绩良好，在班级处于中等水平以上；

2. 思想道德品质和各方面表现良好，能自觉遵守学院各项规章制度；

3. 家庭经济困难；

4. 生活朴素，勤俭节约；

5. 有为学院工作、为同学服务、为社会服务的思想，勤劳肯干，能胜任工作，有敬业精神。

（五）学生勤工助学的校内活动项目的立项程序

1. 学生工作部（勤工助学办公室）负责校内各部门项目的立项。重要项目报勤工助学领导小组审批。

2. 公布活动项目：勤工助学立项于每学年初进行确定后给予公布。校外活动项目根据联系情况和用人单位要求确立，由勤工助学服务中心直接下达。

（六）学生勤工助学项目经批准后的组织实施程序

1. 由学生个人申请；

2. 由学生工作部进行资格审查、审核，并安排用工学生；

（七）学生勤工助学的计酬

依据设岗总数、年度勤工助学基金开支计划等情况确定计酬标准，按月结算。一般标准如下：

1. 相对固定岗：以月计付，视工作任务和质量，每人每月 100~200 元；

2. 临时工作岗：视工作任务的轻重和工作质量要求，按次或单项工作量计，每人每次 15~25 元；

3. 连续 7 天以上参加同一项目勤工助学工作以固定岗位标准折算计酬。

（八）学生勤工助学工作的规定和要求

1. 应根据实际工作需要提出勤工助学用工计划，不得随意设岗和盲目立项。

2. 对在校外参加勤工助学学生的工作情况和结果应及时通报学院勤工助学服务中心备案。

3. 勤工助学报酬应根据岗位的工作任务和上岗学生的工作表现以及实际成绩而定；要严格《勤工助学酬金申请表》的填写和审核手续；领取勤工助学报酬必须由学生本人签名，手续要完备。勤工助学酬金领取情况每月予以公示。

4. 学生勤工助学活动主要利用非上课时间进行，不允许在上课时间内旷课上岗；因参加勤工助学活动而影响学习者，应予退岗。

5. 参加勤工助学的学生应积极肯干，认真负责，完成各项工作任务。

6. 参加勤工助学的学生不得违反岗位劳动纪律，如用工部门反映不称职者，经核实后即予调整或辞退；如在勤工助学期间违反学院和社会用人单位规章制度或发现有不良生活、消费行为者，则取消其勤工助学上岗资格。

7. 学生有参加集体劳动的义务，学生参加义务劳动和统一组织的短时间的集体劳动不属于勤工助学的活动范围。

（九）本办法由学生工作部负责解释。

（十）本办法自颁布之日起施行。

八、湖南电气职业技术学院学生校外实习管理制度

（一）学生校外实习前，首先必须参加“三级安全教育”的学习。然后参加安全规章考试，考试不及格者，不能参加校外实习。

（二）实习学生必须遵守学校与实习单位的规章制度，遵守实习单位的保密制度，不得泄露实习单位的技术与商业机密，要维护实习单位的一切利益。

（三）实习学生每天实习前，必须按安全规程穿好工作服，戴好安全帽。不准进入设备警戒线内，确保人身安全。

（四）实习学生必须按实习单位的时间上下班。如有特殊情况需要请假者，两天之内由实习老师批准，三天及以上由班主任或辅导员、学校领导批准，并报实习小组组长登记，否则按旷工处理。旷工三天以上，或累计达七天者，实习成绩评为零分。

（五）实习学生进出实习单位必须出示入厂实习证。按时进入指定工作岗位，服从师傅及指导老师安排，认真听取指导。不得擅自离开岗位，不准串岗，有事离岗，需经班组长或师傅批准。返回岗位后应向班组长或师傅报告，同意后方可上岗。

（六）实习学生必须严格遵守安全操作规程，爱护设备，不准任意启停设备，不准乱动设备。如发现设备有故障或异常现象，应立即报告值班领导和师傅。不准乱动用厂方物品，不得将厂方物品私自带走。

（七）因严重违纪或工作懒散等原因，被实习单位拒绝实习，学校将不再安排新的实习单位，并将作出相应的纪律处分，实习成绩以零分计。

（八）学习学生在实习期间对实习单位有意见应及时与指导老师联系，由指导老师负责协商，实习生不得直接与实习单位发生冲突，若无理取闹，将对其作出相应的处分。实习学生要爱岗敬业，积极主动钻研实习中的有关问题，按时按要求完成各项实习内容。在师傅与指导老师的帮助下，做到思想上有提高，技术上有进步，圆满完成实习任务。返校后，按要求提交实习鉴定与实习报告，并交还进厂实习证。

九、湖南电气职业技术学院毕业生就业管理暂行规定

第一条　根据国家关于高等职业教育毕业生就业的方针政策和湖南省有关文件精神，为积极适应经济建设和社会发展对我校毕业生的需求，规范毕业生

就业行为，保持良好的就业秩序，保护毕业生、用人单位和学院的合法权益，根据《高等教育法》及其他有关法律法规，制定本规定。

第二条　毕业生就业应在国家就业方针政策指导下，实行“市场导向，政府调控，学院推荐，毕业生与用人单位双向选择”的机制，有组织、有步骤地进行。

第三条　学院就业工作实行政策和方法公开；招聘信息公开；择优推荐公开。毕业生择业应遵循公平、自愿和诚实守信的原则。

第四条　招就处在学院招生就业信息网公布招聘信息，要求应聘的学生到辅导员老师处报名，系部负责参加面试学生的资格审查，招就处按照系部提供的应聘学生名单统一组织面试。录用学生按照学院相关规定办好离校手续后方能离校（详见毕业生择业手续办理程序）。

第五条　毕业生在就业安置期间，必须积极主动地与学院配合工作，完善毕业前的相关手续，详实填写《就业推荐表》，在自主自愿的前提下，凭《就业推荐表》参加学院组织的面试。

第六条　学生参加用人单位面试期间，必须穿着得体，举止文明礼貌，主动大方地配合学院和用人单位的面试工作。

第七条　学生在用人单位试用期间，如与单位或相关人员发生矛盾，应及时通知学院或有关中介机构，由学院或中介机构出面协商解决。

第八条　学生在自主自愿的前提下经学院择优推荐到用人单位，在用人单位工作期间，应遵纪守法，遵守用人单位的各项规章制度。

第九条　学院鼓励自主择业，自主择业的学生必须将单位接收函交到招生就业处，然后按学院相关规定严格办理离校手续（详见毕业生择业手续办理程序）。

第十条　学生在校期间被评为“优秀班干部”“优秀团员”“三好学生”或表现突出的，学院将优先推荐就业。

第十一条　学院在就业安置工作中，遇以下情况之一的，学院不予推荐，给学院和用人单位造成严重损害者将视情节给予纪律处分。

1. 学生实习就业时，根据学院教学大纲规定的毕业考核、操行总评和学籍管理规定，由学院有关部门提供的结业生和保留违纪处分者；

2. 按照“供需见面、双向选择”的原则，学生在自主自愿的前提下经学院推荐、面试合格被用人录用后又自动放弃者；

3. 在学院规定的就业安置期间，长期无故不到学院，不参加就业安置和推荐者；

4. 经学院推荐就业，试用期间违反用人单位规章制度被辞退并给学院造成不良影响者；

5. 自愿自谋职业、就业单位者；

6. 不服从学院推荐者；

7. 在就业安置过程中，未经招就处同意，不得擅自调换工作单位，否则，将推迟毕业。

第十二条　在执行过程中，若与教育部和湖南省教育厅下达的有关文件规定矛盾时，应以上级下达的政策和规定为准。

本规定自2007年9月1日起执行。

十、湖南电气职业技术学院毕业生就业工作暂行办法

第一章　总　　则

第一条　毕业生就业工作是学院学生工作的重要内容，根据教育部《普通高等学院毕业生就业工作暂行规定》及其他相关学生管理制度制定本办法。

第二条　学院坚持“市场导向，学院推荐，学生和用人单位双向选择”的就业政策。

第三条　毕业生自主择业期为2年，从毕业当年7月1日始至第三年6月30日止。

第四条　学院加强对毕业生的就业教育、管理和服务工作。积极开拓就业市场。

第二章　毕业生就业教育指导

第五条　加强毕业生就业教育指导，帮助毕业生了解国家就业方针、政策，树立正确的就业观念，促进毕业生顺利就业。

第六条　就业教育指导的主要内容包括：宣传就业政策，引导毕业生树立正确的人生观、价值观和择业观；分析就业形势，帮助毕业生掌握科学有效的择业技巧。

第七条　就业教育指导的方式主要有：开设就业指导课（公共必修课，记成绩）；举办就业指导报告、讲座；提供就业咨询；设立就业教育指导宣传橱窗等。就业指导教育教材统一征订。

第八条　成立就业教育指导机构，负责协调全院的就业教育指导工作。

第三章　毕业生资格审查

第九条　学院招生就业指导处负责整理和报送毕业生生源信息。各班要在

指定时间内统计毕业生生源、预审毕业生资格、统计毕业生就业去向。

第十条　毕业生资格审查要求毕业生基本情况应与当年招生审批表记载一致，其主要内容为：毕业生姓名、性别、生源所在地等。

第十一条　对中途专业变动的学生，由教务处、学生工作部负责对学籍变动的毕业生出具学籍变动书面原始材料证明，其中转学的毕业生材料应包含当年招生审批表原件和教育厅批准的转学审批表原件。

第四章　就业协议书发放与管理

第十二条　《全国普通高等学院毕业生就业协议书》（以下简称《就业协议书》）是毕业生签约就业、办理《全国普通高等学院本专科毕业生就业报到证》（以下简称《就业报到证》）的重要依据。

第十三条　《就业协议书》由学院招生就业指导处从省毕业生就业主管部门统一购买。

第十四条　《就业协议书》一般由毕业班班主任在指定时间统一领取后发放。《就业协议书》全省统一编号，一套一式三份，每位毕业生只能领取一套。毕业生应妥善保管和使用《就业协议书》，不许转让他人使用。

第十五条　《毕业生推荐表》由学院统一印制、加盖学院招生就业指导中心公章，同《就业协议书》一并发放。

第十六条　毕业生《就业协议书》遗失需要补发的，由学生本人书面申请，班主任审查，在省级以上媒体声明遗失，一个月之后，大学生就业指导中心根据情况研究后给予办理补发手续。如发现弄虚作假，在校生将给予警告以上处分。

第五章　毕业生就业手续办理

第十七条　毕业生、用人单位、学院在签订《就业协议书》时要严格执行国家关于毕业生就业的方针、政策。

第十八条　《就业协议书》由学院盖章，毕业生和用人单位签字、盖章后生效。毕业生和用人单位如有其他约定，经协商一致后在备注栏注明，视为协议书的有效部分。已经签订的《就业协议书》应在两周内上交招生就业指导处。

第十九条　毕业生在择业期内联系到就业单位，符合政策规定、手续完备的，由学院招生就业指导处凭《就业协议书》统一到省毕业生就业主管部门办理《就业报到证》。毕业生凭《就业报到证》到就业单位或者市毕业生就业主管部门报到，档案和户籍关系随转。

第二十条 择业期内未落实就业单位、愿回生源地自主择业的毕业生，经个人提出书面申请，学院招生就业指导处统一办理《就业报到证》（该证备注栏注明“自主择业，择业期至××××年6月30日”）。毕业生持《就业报到证》到生源所在省辖市毕业生就业主管部门报到，档案和户籍关系随转。

第二十一条 学院积极鼓励毕业生到西部、贫困地区从事志愿服务工作。服务期间，档案和户口保留在学院，免收管理费用。服务期满后，学院根据相关文件精神再办理《就业报到证》。

第二十二条 结业生找到工作单位的，可以派遣，但在《就业报到证》上注明“结业生”字样；在规定时间内无接收单位的，学院将其档案、党团关系转至家庭所在地（家居农村的保留非农业户口），自谋职业。

第二十三条 有下列情形之一的毕业生，学院不再负责其就业，也不再为其办理任何手续：

1. 不顾国家需要，坚持个人无理要求，经教育拒不改正的；
2. 自派遣之日起，无正当理由超过三个月不去就业单位报到的；
3. 到单位报到后，拒不服从工作安排或提出无理要求，用人单位退回的；
4. 其他严重违反毕业生就业规定的。

第六章 毕业生违约与改签处理

第二十四条 《就业协议书》经学院、用人单位、毕业生签字和盖章后生效，具有法律约束力。协议各方都应该严格履行协议。若一方提出变更或解除协议，必须征得其他方的书面同意。

第二十五条 要加强对毕业生的法制教育和诚信教育，严格控制违约现象。个别特殊情况确需违约的，应先书面申请，班主任签字同意后，报学院招生就业指导处研究批准后，再向原协议单位提出解除协议关系。

办理新协议书，必须提供以下手续：已经审批的个人书面申请、原协议书、原协议单位同意解除协议的加章书面证明，到学院招生就业指导处办公室办理新协议。

第二十六条 已落实就业单位并办理就业报到证的毕业生，原则上不再办理改签手续。个别特殊情况、在择业期内确需改签的，应先向学院招生就业指导处书面申请，获得批准后办理改签手续。

办理改签手续必须提供以下材料：已经批准的个人改签申请；原就业单位同意其改签的书面证明；原报到证；新单位接收函。由学院招生就业指导处统一办理新的报到证。

第七章 毕业生档案管理与转递

第二十七条 毕业生离校之前，各班必须按照要求在指定的时间内将毕业生材料移交学生档案室。

第二十八条 毕业前已办理报到证的毕业生，其档案在毕业离校后三周内，由学生工作部档案室统一寄送至用人单位。

第二十九条 毕业前未落实就业单位的毕业生，可以办理人事代理，将档案托管在人才交流服务机构，也可以申请将档案保留在学院，经学院招生就业指导处审核同意后，档案继续保留在学院，学院在择业期内免收管理费。

第三十条 档案保留在学院的毕业生，择业期满仍未落实就业单位的，学院原则上将其档案转到生源所在地市以上人事主管部门人才交流服务机构。

第八章 就业率统计、报送与发布

第三十一条 各班要对择业期内各专业毕业生的签约就业、灵活就业和自主创业等情况进行定期统计并及时报送招生就业指导处办公室。

第三十二条 招生就业指导处按照省毕业生就业主管部门要求，准确、及时报送毕业生就业率等统计数据。

第三十三条 招生就业指导处定期向全院通报各专业毕业生就业率。

第三十四条 招生就业指导处加强与学院招生、教学等部门的信息交流，发挥毕业生就业率在学生招生、培养工作中的调节作用。

第九章 附 则

第三十五条 毕业生离校后，应按要求及时到用人单位报到、办理落户手续、签订劳动合同，学生和用人单位在就业过程中的争议，由当地政府就业主管部门或劳动仲裁部门协调，当事人也可向人民法院起诉。

第三十六条 本办法由招生就业指导处负责解释。

十一、湖南电气职业技术学院学生诚信银行管理办法（修订）

为了全面贯彻落实党的教育方针，深入贯彻落实《中共中央国务院关于进一步加强和改进大学生思想政治教育的意见》《高等学校学生行为准则》《中共中央国务院关于进一步深化教育改革全面推进素质教育的决定》《普通高等学校学生管理规定（新）》等文件的精神，全面推行素质教育，以培养社会急需的高素质技能型人才为目标，努力实践“以人为本，立德树人”的办学理念，不断探索开展诚信教育的新途径、新方法，养成和强化学生的诚信意识，提高学生综合素质，为社会培养有用人才。结合我院实际情况，制定本办法。

（一）工作目标

培育诚信学子，树立诚信院风，建立诚信校园。

（二）运行机制

诚信银行实行以辅导员为实施主体，任课教师密切配合，其他教职员工、学生党员、学生干部、学生入党积极分子共同参与的全员管理机制。

全院教职员工都有责任对优秀学生给予表扬，对犯错误的学生给予批评教育，同时向学生辅导员提供“学生信息跟踪反馈单”反映学生的行为表现情况。对于出具“学生信息跟踪反馈单”较多的员工诚信银行将视实际情况予以表彰。

学生辅导员根据教职工反映学生行为的实际情况，根据学院诚信银行存扣分标准实施诚信分数的存扣。

学生党员、学生干部、学生入党积极分子应率先垂范，以身作则，同时做好在同学中的宣传、教育和监督工作。

（三）操作流程

1. 学生诚信积分的存扣情况由辅导员在学生个人信息电子档案中即时进行记录。

2. 建立网上公示制度，每位同学都可通过授权码在校园网中查询个人的诚信档案资料。同时，学生每次诚信积分的存扣情况辅导员必须即时告知学生本人。

（四）评价实施办法

1. 入学初，学生在签订诚信承诺书后即可获得每学年600分的基本诚信积分。诚信银行参照国家和学院的有关规定相应制定诚信积分的存扣办法，根据学生在校期间的各项表现由各辅导员老师进行诚信积分的存扣操作，每学年结束时进行总评。

2. 根据学生的诚信积分情况，每学年学院确认学生诚信等级，并作为学生年度评优、评先的重要依据：

A 级——（900 分以上，且没有任何不良记录）优秀

B 级——（750~899 分）良好

C 级——（600~749 分）一般

D级——（600分以下）不及格

3. 根据学生的诚信积分情况，学院在学生毕业前颁发学生信用等级证书，等级分类如下：

AAA级——诚信积分总分达到2 700分以上，且没有任何不良记录

AA级——诚信积分总分在2 250~2 699分

A级——诚信积分总分在1 800~2 250分

4. 学生诚信银行存、扣分依据为《高等学校学生行为准则》及《湖南电气职业技术学院学生手册》等。

（五）诚信积分的使用

1. 凡诚信等级达到A的学生方有参与评选三好学生标兵、三好学生、优秀学生干部标兵等校级及其以上级别奖项的资格。

2. 学生诚信积分将如实记录于本人在诚信银行的诚信档案中，在择业时供用人单位参考。同等条件下，诚信等级高的学生将优先获得就业推荐机会。

3. 诚信等级为C及以下的学生不得参加各级各类评优活动。

4. 诚信等级为D的学生比例达到或超过10%的班级将取消参评当年度的院级优秀班集体、院级优秀团支部等各类优秀集体的评选资格。

5. 诚信等级为B以上的同学，才有被列为入党积极分子和获得参加院业余党校学习的资格。

6. 诚信积分三年总额低于1 800分者，将被视为思想品行成绩不及格，不予毕业。

（六）本办法自颁布之日起执行，由学生工作部（处）负责解释。

附：

关于学生诚信银行存、扣分项修订的通告

各位老师、同学：

为了保持诚信银行的活力、效力，进一步提升学生素养，真正落实教养工程，经调研，现将诚信银行存扣分项修订如下：希望广大同学严格遵守校规校纪，遵守诚信银行的相关规定，争做一名优秀大学生。请全体教师做好学生诚信银行的监督工作，请全体辅导员（班主任）严格按照规定给学生存扣分。

湖南电气职业技术学院诚信银行存扣分细则

存分内容				分数	备注
一、求真	1. 严守诚信承诺，一学期内没有任何不良记录	无任何违规违纪行为		300/学期	
	2. 各类课程学习	考试合格，一个学期无不及格科目		200/学期	
	3. 上课无缺勤	一个学期无任何缺勤记录		300/学期	
	4. 参加班级主题教育活动	参加班级主题教育活动（含晚自习期间的主题班会）		20/次	
	5. 按时缴纳学费	一学年未欠学费		300	
	6. 佩戴团徽	佩戴团徽每周加 50 分		50	每个团支部的委员反馈，辅导员（班主任）加分
二、求善	1. 拾金不昧	该行为受到学院以上表彰或有重大社会影响的		100/次	
		该行为被系院级以上单位记录在案的		50/次	
	2. 见义勇为	该行为受到学院以上表彰或有重大社会影响		200/次	
	3. 积极献血或爱心捐助			50/次	
	4. 上课积极回答问题			30/次	任课老师反馈，辅导员（班主任）加分
	5. 帮老师擦黑板			20/次	任课老师反馈，辅导员（班主任）加分
	6. 义务打扫公共卫生			100/次	由班干部或辅导员（班主任）组织
	7. 尊敬师长	见到老师热情打招呼、帮助老师等		20/次	教师反馈，辅导员（班主任）加分

续表

存分内容				分数	备注
三、求实	1. 担任各级各类学生干部干事	各级各类学生组织的主要干部（含院团委、院学生会、学生社团联合会、院志愿者协会、系分团委、系学生会、系志愿者分会、各年级团总支、班级团支部、班委会、各职业实践型学生社团组织的正、副部长/队长、班团委员、学生党支部委员、宿舍长）	优秀	200	教师每个学期的指导评价意见是考核其工作业绩的重要依据，同时兼任多个职务的学生干部参照最高职务加分，不能累积加分
			良好	150	
			合格	100	
		各级各类学生组织的一般干事	优秀	100	
			良好	80	
			合格	60	
	2. 参加为人民服务志愿活动			50/次	院/系团委提供证明，辅导员（班主任）加分
	3. 星级宿舍加分标准（宿舍成员）	寝室卫生检查为优秀（周）		30/人/次	学生工作部提供结果反馈给辅导员（班主任）加分（求实）
		三星级宿舍（月）		100/人/次	
		四星级宿舍（月）		150/人/次	
	4. 课余时间或寒暑假参加社会实践活动	提交相关证明材料		100/次	
四、求强	1. 各类学习技能竞赛奖、文艺体育竞赛奖、论文、科研成果、创造发明奖、报纸杂志发表作品	国家级		300	
		省级		200	
		市级		150	
		院级		100	

续表

存分内容				分数	备注
四、求强	2. 各类奖学金	国家级		300	
		省级		200	
		市级		150	
		院级		100	
	3. 综合奖励（如：三好学生、优秀学生干部、优秀团员、优秀团干部及各类竞赛获奖等）	国家级		300	
		省级		200	
		市级		150	
		院级		100	
	4. 获得技能等级证书	计算机等级证书	三级	200	
			二级	150	
			一级	100	
		英语等级证书	四级	200	
			三级	150	
		其他证书	高级证	200	
			中级证	150	
			初级证	100	
	5. 发表宣传稿件或文章	省级		200	
		市级		100	
		院级（院报、学院网站）		50	
	6. 获得其他类型证书	如学院颁发的朋辈辅导员（班主任）资格证书、学生教官证、110大队队员证等		100/次	由颁证部门反馈给辅导员（班主任）
	7. 参加各类培训和讲座	如明德讲坛、记者团培训、朋辈辅导员（班主任）培训、学生督导培训、技能竞赛培训等		30/次	由活动主办方反馈给辅导员（班主任）
	8. 参加院系各类主题活动	如学院读书月活动、感恩诚信教育活动、系部女生节、科技节等活动		50/次	由组织活动部门反馈给辅导员（班主任）
	9. 参加晨训活动			50/次	
	10. 参加各类学生组织、社团活动及相关训练	含大学生艺术团、校卫队、军训队、学生自律自治组织、记者团等		50/次	由相关负责部门按考核情况在一定时间内将加分反馈给辅导员(班主任)

续表

存分内容				分数	备注
五、其他		因错扣而补回分数		100	
		因错扣而补回分数		40	
		因错扣而补回分数		30	
		因错扣而补回分数		20	
		因错扣而补回分数		10	
		辅导员自主加分		30	
		辅导员自主加分		20	
		辅导员自主加分		10	

序号	扣分项目	分值
1. 学习纪律（6条）	迟到、早退/次	-20/次
	旷课/次	-40/次
	违反课堂纪律，大声喧哗	-30
	在课堂上不尊重老师	-30
	无故不参加学院统一安排的实习活动	-100
	考试作弊	-200
2. 违纪处分（5条）	通报批评	-100
	警告处分	-200
	严重警告	-300
	记过	-400
	留校察看	-600
3. 生活行为（20条）	学费、住宿费及其他杂费无故不按时交纳/天（没有及时办理缓缴手续的）	-30/天
	借款、借物到期不归还	-30/天
	提供虚假证明材料	-300
	高空抛物、故意制造混乱，扰乱校园正常秩序	-300
	不按时休息、大声喧哗、影响他人休息	-100
	恶意毁坏公物	-100
	公共场所举止不文明、男女交往不文明	-50
	故意破坏环境卫生，乱扔垃圾，随地吐痰	-50
	将易燃、易爆物品和管制刀具带进宿舍	-100
	浏览非法或不健康网站，在网上散布谣言和其他不良信息	-100
	辱骂他人，不尊重师长、学校工作人员以及同学	-50

续表

序号	扣分项目	分值
3. 生活行为（20 条）	使用违规电器，具体包括电热棒、电炉、电饭锅、电磁炉、电饭煲、电热壶、电热杯、电热毯、电暖炉、电冰箱、煤气炉、电炒锅、电火锅以及安全系数比较低的其他电器	-400
	私接乱拉电线	-100
	无故夜不归宿	-150/天
	星期日至星期四夜里 11:30 以后及星期五至星期六夜里 12:00 以后无故晚归者	-100
	酗酒、赌博等不文明行为	-100
	在公共场所奇装异服，衣衫不整，穿拖鞋进入教学区	-30
	在星级宿舍评比中被评为“不合格宿舍”	-50/人
	在接受各类检查工作中态度恶劣，影响检查工作正常进行或违反校规时不听劝阻	-100
	违反《湖南电气职业技术学院学生手册》中规定的其他不文明行为	-30
4. 课外活动（3 条）	参加统一规定的政治理论学习活动（包括团组织生活、报告会、主题班会/团会、各种大型集会等）无故迟到或早退	-30
	无故不参加统一规定的政治理论学习活动（包括团组织生活、报告会、主题班会/团会、各种大型集会等）	-100
	学生不参加学校或系（院）组织的各类集体活动，不履行义务	-50
5. 个人信息（5 条）	注册后，电子信息档案个人基本资料不准确或虚假，又不及时更新、维护并造成严重后果者	-150
	注册后，电子信息档案个人基本资料模糊、不准确又不及时更新者	-50
	注册后，电子信息档案个人基本资虚假又不及时更新者	-100
	不按时填写学生电子信息档案及学生生活月志	-30
	就业自荐书内容不属实	-100
6. 打架（2 条）	校内	-100
	校外	-150

十二、湖南电气职业技术学院学生校级奖励办法

为鼓励学生勤奋学习，奋发向上，促进学生德智体全面发展，参照普通高校奖学金发放办法，结合我院实际情况，特制定本奖励办法。奖励情况均记入学生档案，获奖学生必须具备以下条件。

1. 热爱社会主义祖国，拥护中国共产党的领导，坚持四项基本原则，具有为国家的富强而艰苦奋斗的献身精神。

2. 模范遵守国家法律、高等学院学生行为准则和学院的规章制度，团结同学，关心集体，勤俭节约，热爱劳动，品德优良。

3. 热爱所学专业，勤奋学习，成绩优良。

4. 积极参加社会工作，坚持体育锻炼，积极参加公益劳动及其他活动，身心健康。

（一）优秀学生奖学金

1. 优秀学生奖学金评定与发放

① 优秀学生奖学金按学年评定发放，原则上第二学年开学后第四周内发放。

② 评定工作依据班级学生德育考核成绩及期末考试成绩的排名进行。

③ 奖学金评定工作由学生工作部组织，各班主任负责完成。

④ 各班级的评定结果必须经学生工作部审查，报学院批准。

2. 优秀学生奖学金等级金额和比例

① 一等奖学金：按在册学生人数的4%评定，每人800元。

② 二等奖学金：按在册学生人数的8%评定，每人600元。

③ 三等奖学金：按在册学生人数的15%评定，每人400元。

3. 有下列情况之一者不能获优秀学生奖学金

① 本学期受通报批评、纪律处分或有未撤销处分者；

② 有违反学院“两禁”现象者；

③ 考试课或考查课有一门不及格者；

④ 在校内外参加各项活动中表现不好，造成不良影响而受到批评者。

4. 加分

① 在市级以上组织的比赛中获奖者，按获奖等级酌情加1~3分。

② 在正式刊物上（市级以上）发表文章，酌情加1~3分。

③ 院学生会正副主席、校卫队负责人、院社团联合会负责人加3分；各系部团总支副书记、学生会正副主席加2.5分。

④ 院学生会各部长，广播站、各院级社团组织负责人加2分；各系部学生会部长，各班团支书、正副班长加1.5分。

⑤ 各班班委委员、团支部委员、各院级社团组织各职能部部长、学院学生会干事、各系部学生社团组织负责人、校卫队成员加1分。

⑥ 各系部学生社团组织职能部部长、各寝室长、系部学生会干事，加0.5分。

⑦ 虽未担任社会工作，但积极维护集体荣誉，热心为同学服务，为班级和学校建设献计献策，做出贡献者酌情加1分。

⑧ 担任多项职务的学生，不能重复加分，以最高职务加分。

⑨ 本加分只适用于一、二、三等奖学金。

（二）三好学生

1. 评选条件

该学年所有课程每门成绩必须在60分以上，且所有课程平均成绩不得低于85分。

2. 评选比例

三好学生比例为不超过班级人数的10%，如全班无一人符合评选条件，则选班级成绩第一名的学生。每人奖励200元。

3. 评选办法

三好学生每学年评定一次，由班主任根据评选条件和学生德智体综合表现组织全班同学进行评议，确定三好学生和特优学生名单，报系（部）审查，最后由学生工作部及学院批准。

（三）优秀学生干部

1. 评选条件

① 热心为集体为同学服务，积极参与学院的管理工作，工作主动踏实，认真负责，具有一定的独立工作能力和创新精神，工作成效显著。

② 作风正派，办事公道，团结同学，顾全大局，在各项工作中均能发挥模范带头作用，敢于开展批评与自我批评，群众威信较高。

③ 该学年所有课程均及格。

2. 评选比例及程序

① 班委、团支部成员在班级德育考核成绩前30%的有资格参加评比，班级人数为30人以下的优秀学生干部人数为2名，30人以上的优秀学生干部人数为3名。

② 校团委、学生会、各学生社团、校护卫队的学生干部按10%的比例由团委、学生会提出初步意见，由学生工作部和院团委共同审查，报学院审批。

③ 优秀学生干部奖励为每人100元。

（四）单项积极分子

1. 评比条件

① 思想品德好，尊师守纪，团结同学。

② 认真学习，刻苦钻研，各门课程成绩合格以上，学年德育考核测评为全

班前40%。

③ 主动与院团委、学生会联系，服从组织，积极配合、支持院团委及学生会工作，认真完成上级布置的各项工作任务。

④ 工作表现好，任劳任怨，积极主动，有较强的工作能力，受到同学们的好评。

⑤ 积极参加学院组织的各项活动。

2. 评选比例

单项积极分子共4类：学习积极分子、宣传积极分子、文体积极分子和品行积极分子。每个班级每一类限报1人，只发奖励证书，无物质奖励。

（五）先进班级

1. 评选条件

① 具有良好的班风。拥护四项基本原则，关心国家大事，团结友爱，朝气蓬勃，积极向上；具有良好的精神风貌，积极参加学院组织的各项活动，遵守校规校纪，具有良好的道德风尚。

② 具有良好的学风。全班同学态度端正，勤奋学习，专业思想稳定，学习气氛浓厚，学习成绩普遍好，在各项专业的测评中成绩突出。

③ 积极开展丰富多彩的文化活动，获奖成果多，名次突出。

④ 有一个团结协作、积极工作的领导核心。班干部能以身作则，在各项活动中起模范带头作用。

⑤ 积极开展社会实践活动，主动为社会服务，为社会做贡献。

2. 评选程序

班级考核在全院总考核成绩前20%的班级，经学生工作部审定后，报主管领导批准。

十三、湖南电气职业技术学院国家奖学金评定办法

第一章　总　　则

第一条　国家奖学金是为激励学生勤奋学习、努力进取，促进学生在德、智、体、美等方面得到全面发展而设立的专项奖学金。

第二条　国家奖学金用于奖励高校全日制本、专科（含高职）学生中特别优秀的学生。

第三条　为保证国家奖学金评审和发放工作的规范化、制度化，依照《国务院关于建立健全普通本科高校、高等职业学校和中等职业学校家庭经济困难

学生资助政策体系的意见》（国发〔2007〕13号）、《普通本科高校、高等职业学校国家奖学金管理暂行办法》（财教〔2007〕90号）以及《关于印发湖南省国家奖学金评审办法的通知》（湘学助〔2012〕号）等的文件精神，结合我校实际，制定本办法。

第二章　奖励标准及申请条件

第四条　国家奖学金的具体指标由省教育厅、省财政厅下达至学校。国家奖学金的奖励标准为每人每年8 000元。

第五条　国家奖学金的申请条件有以下几点。

1. 申请国家奖学金的学生为二年级以上（含二年级）的学生。

2. 热爱社会主义祖国，拥护中国共产党的领导。

3. 自觉遵守宪法和法律，遵守学校各项规章制度和大学生文明行为准则，全年无不良行为和违纪现象。

4. 诚实守信，道德品质优良。

5. 在校期间学习成绩优秀。学习成绩或综合考评成绩排名在评选范围内位于前10%，且没有不及格科目。

6. 社会实践、创新能力、综合素质等方面特别突出。对于学习成绩和综合考评成绩没有进入前10%，但达到前30%的学生，如在其他方面表现非常突出，可申请国家奖学金，但需提交详细的证明材料。其他方面表现非常突出是指在道德风尚、学术研究、学科竞赛、创新发明、社会实践、社会工作、体育竞赛、文艺比赛等某一方面表现特别优秀。具体如下：

① 在社会主义精神文明建设中表现突出，具有见义勇为、助人为乐、奉献爱心、服务社会、自立自强的实际行动，在本校、本地区产生重大影响，在全国产生较大影响，有助于树立良好的社会风尚。

② 在学术研究上取得显著成绩，以第一作者发表的论文被SCI、EI、ISTP、SSCI全文收录，以第一、二作者出版学术专著（必须通过专家鉴定）。

③ 在学科竞赛方面取得显著成绩，在国际和全国性专业学科竞赛、课外学术科技竞赛等竞赛中获一等奖（或金奖）及以上奖励。

④ 在创新发明方面取得显著成绩，科研成果获省、部级以上奖励或获得国家专利（必须通过专家鉴定）。

⑤ 在体育竞赛中取得显著成绩，为国家争得荣誉。非体育专业学生参加省级以上体育比赛获得个人项目前三名，集体项目前两名；高水平运动员（特招生）参加国际和全国性体育比赛获得个人项目前三名、集体项目前两名。集体

项目应为主力队员。

⑥ 在重要文艺比赛中取得显著成绩，参加国际和全国性比赛获得前三名，参加省级比赛获得第一名，为国家赢得荣誉。集体项目应为主要演员。

⑦ 获全国三好学生、全国优秀学生干部、全国社会实践先进个人、全国十大杰出青年、中国青年五四奖章等全国性荣誉称号。

除上述七方面之外，如在其他方面有同等级别的特别优秀表现，在国家奖学金评审中也可作为突出表现提交相关资料。

⑦ 在校学习期间无违纪受处分记录。

第三章 评　　审

第六条　国家奖学金每学年评审一次，实行等额评审，坚持公开、公平、公正、择优的原则。同一学年内获得国家奖学金的学生可以申请并获得国家助学金，但不能同时获得国家励志奖学金。

第七条　符合申请条件的学生填写并向所在学院提交《国家奖学金申请审批表》(以下简称《申请审批表》)。

第八条　各系部依据本办法，结合本系部专业、班级和学生的具体情况，制定工作方案。如遇特殊情况，及时以书面形式请示校资助领导小组审定后执行。

第九条　辅导员组织本班学生进行民主评议和推荐，辅导员在《申请审批表》上签署推荐意见并上报各系部。各系部根据申请学生的条件及有关材料，进行综合评议，确定初审名单并进行5个工作日的公示。公示无异议后，各系部在《初审名单汇总表》及《申请审批表》上签署意见，报送校学生工作部。

第十条　系部提交的名单由校学生工作部复审，校资助工作领导小组审核、评定。评定结果在全校公示5个工作日（受理单位为学校纪委、监察处、学工处）无异议后上报省学生资助管理中心。

第四章　奖学金发放及管理

第十一条　上级部门批复并拨款后，学校将国家奖学金一次性发放给获奖学生，颁发国家统一印制的奖励证书，并记入学生学籍档案。

第十二条　各系部应切实加强管理，认真做好国家奖学金评审和发放工作，确保国家奖学金用于奖励特别优秀的学生。

第五章 附 则

第十三条 本办法由校学生工作部组织实施并负责解释。

十四、湖南电气职业技术学院国家励志奖学金评定办法

第一章 总 则

第一条 国家励志奖学金是为激励家庭经济困难的学生勤奋学习、努力进取，促进学生在德、智、体、美等方面得到全面发展而设立的专项奖学金。

第二条 国家励志奖学金用于奖励资助高校全日制本、专科（含高职、第二学士学位）学生中品学兼优的家庭经济困难学生。

第三条 为保证国家励志奖学金评审和发放工作的规范化、制度化，依照《国务院关于建立健全普通本科高校、高等职业学校和中等职业学校家庭经济困难学生资助政策体系的意见》（国发〔2007〕13 号)、《普通本科高校、高等职业学校国家励志奖学金管理暂行办法》（财教〔2007〕91 号）的文件精神，结合我校实际，制定本细则。

第二章 奖励标准及申请条件

第四条 国家励志奖学金的具体指标由省教育厅、省财政厅下达至学校，

学校根据各系部在校生人数及家庭经济困难学生分布情况划分名额，国家励志奖学金的奖励标准为每人每年5 000元。

第五条 国家励志奖学金的申请条件有以下几点。

1. 申请国家励志奖学金的学生为二年级以上（含二年级）的学生。
2. 热爱社会主义祖国，拥护中国共产党的领导。
3. 遵守宪法和法律，遵守学校规章制度。
4. 诚实守信，道德品质优良。
5. 在校期间学习成绩优秀。
6. 家庭经济困难，生活俭朴。
7. 在校学习期间无违纪受处分记录。

第三章 评 审

第六条 国家励志奖学金每学年评审一次，坚持公开、公平、公正、择优的原则。同一学年内获得国家励志奖学金的学生可以申请并获得国家助学金，但不能同时获得国家奖学金。

第七条 符合申请条件的学生填写并向所在学院提交《国家励志奖学金申请审批表》（以下简称《申请审批表》）。

第八条 各系部依据本办法，结合本系部专业、班级和学生的具体情况，制定工作方案。如遇特殊情况，及时以书面形式请示校资助领导小组审定后执行。

第九条 辅导员组织本班学生进行民主评议和推荐，辅导员在《申请审批表》上签署推荐意见并上报各系部。各系部根据申请学生的条件及有关材料，进行综合评议，确定初审名单并进行5个工作日的公示。公示无异议后，各系部在《初审名单汇总表》及《申请审批表》上签署意见，报送校学生工作部。

第十条 系部提交的名单由校学生工作部复审，校资助工作领导小组审核、评定。评定结果在全校公示5个工作日（受理单位为学校纪委、监察处、学工处）无异议后上报省学生资助管理中心。

第四章 励志奖学金发放及管理

第十一条 上级部门批复并拨款后，学校将国家励志奖学金一次性发放给获奖学生，颁发国家统一印制的奖励证书，并记入学生学籍档案。

第十二条 获得国家励志奖学金的学生，如果瞒报家庭经济情况、弄虚作假、铺张浪费、有不良嗜好，取消以后学年的参评资格，并收回资助金。

第十三条　各系部要切实加强管理，认真做好国家励志奖学金的评审和发放工作，确保国家励志奖学金真正用于奖励资助品学兼优的家庭经济困难学生。

第五章　附　　则

第十四条　本办法由校学生工作部组织实施并负责解释。

第十五条　本办法自发布之日起执行。

十五、湖南电气职业技术学院国家助学金评定办法

第一章　总　　则

第一条　为体现党和政府对普通本科高校、高等职业学校家庭经济困难学生的关怀，帮助他们顺利完成学业，根据《国务院关于建立健全普通本科高校、高等职业学校和中等职业学校家庭经济困难学生资助政策体系的意见》（国发〔2007〕13号）和《财政部、教育部关于〈普通本科高校、高等职业学校国家助学金管理暂行办法〉的通知》（财教〔2007〕92号）文件精神，结合学院实际情况，制定本办法。

第二条　国家助学金由中央和地方政府共同出资设立。中央部门所属高校国家助学金所需资金由中央财政负担。地方所属高校国家助学金所需资金根据各地财力及生源状况由中央与地方财政按比例分担。

第三条　国家助学金按学年申请和评审，坚持公开、公平、公正的原则。

第四条　国家助学金用于资助高校全日制本专科（含高职、第二学士学位）在校生中家庭经济困难的学生。

第五条　同一学年内，申请并获得国家助学金的学生，可同时申请并获得国家奖学金或国家励志奖学金。

第二章　组 织 机 构

第六条　国家奖学金的评定工作在学院学生资助工作领导小组的领导下，由院学生资助管理中心组织实施。

第七条　各系由分管学生工作的负责人、辅导员、班主任组成国家助学金评选工作领导小组，具体负责本系国家助学金的评选工作。

第三章　资助标准与申请条件

第八条　国家助学金主要资助家庭经济困难学生的生活费用开支。国家助

学金标准按学生家庭困难程度分为A、B、C三档。A档为特别困难家庭学生，资助标准为每生每年4 000元；B档为困难家庭学生，资助标准为每生每年3 000元；C档为比较困难家庭学生，资助标准为每生每年2 000元。家庭经济困难学生的贫困程度按《湖南电气职业技术学院家庭经济困难学生认定办法》认定。

第九条　国家助学金基本申请条件有以下几点。

1. 热爱社会主义祖国，拥护中国共产党的领导。

2. 遵守宪法和法律，遵守学校规章制度。

3. 诚实守信，道德品质优良。

4. 勤奋学习，积极上进。

5. 家庭经济困难，生活俭朴（经学校学生资助工作领导小组审批通过后认定为家庭经济困难学生）。

6. 在校学习期间无违纪受处分记录。

第四章　评审程序

第十条　名额分配。院学生资助中心根据省财政厅、省教育厅下达的我院国家助学金名额，根据各系学生人数，提出建议分配名额并报学院资助工作领导小组批准后，下达各系国家助学金名额。

第十一条　个人申请。学生根据国家助学金评定条件，向班主任申请并递交《普通高等学校国家助学金申请表》。

第十二条　班级评审。各班根据评定条件和名额，结合学年家庭经济困难学生等级认定情况，按公开、公平、公正的原则进行评审（应按家庭经济特别困难、困难、比较困难依次考虑），并将通过评审的《普通高等学校国家助学金申请表》和名单汇总到系部。

第十三条　系部评审。各系根据评定条件和下达的名额，对各班上报的国家助学金名单进行审批，等额推荐出享受国家助学金资助的初选名单及资助档次，并在全系范围内公示5个工作日。公示无异议后，将《国家助奖学金申请表》交院学生资助管理中心（分别以纸质和Excel文档形式上报）。

第十四条　院学生资助管理中心对各系上报名单进行审核并报院资助工作领导小组审定。

第十五条　名单经学院学生资助工作领导小组集体审定后报送省教育厅备案。

第五章　国家助学金发放及受助学生的管理

1. 国家助学金由学院按月发放给受资助学生。

2. 获得国家助学金的学生，如弄虚作假，瞒报家庭经济情况，取消以后学年的参评资格，停发助学金，并收回已发的助学金；如有生活不节俭、铺张浪费、有不良嗜好等情况，就立即停发助学金。

3. 学生被取消受助资格后，增补受助名单原则在本学院、本年级学生中按本办法规定的条件和程序产生。

第十六条　各学院应切实加强管理，认真做好国家助学金的评审和发放工作，确保国家助学金用于资助家庭经济困难的学生。

第十七条　本办法自发布之日起开始执行。

第十八条　本办法由湖南电气职业技术学院学生资助管理中心负责解释。

第四章

心灵呵护

第一节　心灵小故事

一、快乐从心开始

终南山麓，水清草美。据说这一带出产一种快乐藤，凡是得到这种藤的人，一定喜形于色，笑逐颜开，不知道烦恼为何物。

曾经有一个人，为了得到不尽的快乐，不惜跋山涉水，去找这种藤。他历尽千辛万苦，终于到了终南山麓，在险峻的山崖上，他找到了这棵快乐藤。可是他虽然得到这种藤，但却发现他并没有得到预想中的快乐，反而感到一种空虚和失落。

这天晚上，他在山上一位老人的屋中借宿，面对皎洁的月光，他发出了一声长长的叹息。

老人闻声而至，问他：“年轻人，什么事让你这样叹息呀?”

于是，他说出了心中的疑问：为什么已经得到快乐藤的自己，却没有得到快乐呢?

老人一听就乐了，说：“其实，快乐藤并非终南山才有，而是人人心中都有。只要你有快乐的根，无论走到天涯海角，都能够得到快乐。”

老人的话让这个年轻人顿觉耳目一新，就又问：“什么是快乐的根呢?”

老人就说：“心就是快乐的根。”

智慧沙：

一个人快乐与否，不在于他拥有什么，而在于他怎样看待自己所拥有的。快乐是一种积极的生活态度，谁都无法让我们无忧无虑地过活，唯有苦中作乐才能战胜忧愁，享受快乐。

二、明天还有希望

在古希腊神话中，有一个关于西齐弗的故事。

西齐弗因为在天庭犯了法，被天神惩罚，降到人世间来受苦。天神对他的惩罚是：要西齐弗推一块石头上山。

每天，西齐弗都费了很大的劲把那块石头推到山顶，然后回家休息。可是，在他休息时，石头又会自动地滚下来。于是，西齐弗就要不停地把那块石头往山上推。这样，西齐弗所面临的是：永无止境的失败。天神要惩罚西齐弗的，也就是要折磨他的心灵，使他在“永无止境的失败”命运中，受苦受难。

可是，西齐弗不肯认输。每次，在他推石头上山时，他就想：推石头上山是我的责任，只要我把石头推上山顶，我的责任就尽到了，至于石头是否会滚下来，那不是我的事。

当西齐弗努力地推石头上山时，他心中显得非常平静，因为他安慰着自己：明天还有石头可推，明天还不会失业，明天还有希望。天神因为无法再惩罚西齐弗，就放他回了天庭。

智慧沙：

西齐弗的命运可以解释追求成功时所遭遇的许多事情。如果能把命运转换成使命，那么，在很大程度上就能控制自己的命运。能控制自己的命运，还有什么做不成的？

第二节　学院心理健康教育中心

我院心理健康教育中心成立于2008年10月，隶属于学生工作部。2011年7月，学院通过《湖南省普通高校合格心理咨询室建设项目》立项申请。项目立项后，学院成立了以学院党委书记为组长的心理健康教育工作领导小组，从心理咨询室各功能室软硬件建设、心理咨询室日常工作体系建设、心理咨询专兼职教师队伍建设、组织机制体系建设、心理咨询特色项目工程5个方面进行项目建设，取得了良好的成效。顺利通过省教委工委验收，获得湖南省“普通高校合格心理咨询室”荣誉称号。

一、心理健康教育工作场地建设情况

目前我院已建成预约咨询室、个体咨询室、团体辅导室、心理测评室、心理宣泄室五大功能室，各功能室软硬件设施配备齐全。

1. 预约等候室

面积约15平方米，室内张贴悬挂心理咨询工作守则、心理咨询预约办法、专兼职心理咨询师介绍等内容，使预约学生对心理咨询工作范围、方法及师资等一目了然；另外预约室还配备了办公桌椅、沙发、茶几、报纸杂志、饮水设备、电脑、电话等设施，为等候咨询的学生提供了便利。

2. 个体咨询室

面积约12平方米，有独立的出入口，整体装修风格温馨、宁静，光线柔和，灯光可调节明暗，为心理咨询工作提供舒适的环境。配备了沙发椅、茶几、

饮水机、面巾纸等，为来访学生提供满意的咨询环境。

3. 团体辅导室

面积约50平方米，有独立的出入口，配备了可移动桌椅30套、多媒体设备一套、柔软椅垫抱枕若干、室内悬挂心理图片等，整体设计温馨、舒适，适合人数较多的团体活动，为参与学生提供了良好的环境。

4. 心理测评室

面积约为15平方米，配备了电脑、专业的心理测评软件、打印机、复印机、带锁档案柜等设施，可为有测评需求的学生提供全面、保密的测评服务。

5. 心理宣泄室

分为两个房间，一间为心理放松室，面积约为30平方米，配备了沙盘、放松椅等心理治疗工具，为需要放松服务的学生提供安全、可靠的服务；另一间为心理宣泄室，面积约为15平方米，有独立出入口，隔音效果好，配备宣泄人、宣泄棒等宣泄器材，为需要宣泄不良情绪的学生提供服务。

二、心理健康教育日常工作

1. 日常心理咨询服务

心理咨询室开放时间为周一至周五上午9:00—11:00，周一至周日下午14:00—17:00，满足来访学生咨询需要。

2. 实施心理危机干预

若发生心理危机事件，中心在第一时间进行紧急干预，使危机得以缓解或消除。2011年，我院建立了“学院-系（部）-班级-寝室”四级心理危机干预体系，在系（部）配备了心理健康指导教师，班级设班级心理委员，并实行心理健康月汇报制度和心理委员月例会制度，每月由系（部）汇总本系（部）学生心理动态，交学院心理咨询室，再由学院心理咨询室汇总全院学生心理动态，上报至主管部门，发现严重情况及时主动进行咨询干预。2011年5月，我院与湘潭市第五人民医院（市精神病医院）建立工作联系，并签定了相关工作协议，对我院发现的患有精神类疾病的人员，及时转至该院并进行相关治疗，确保了学生的安全。

3. 课堂教学

我院自2008年开设心理健康教育课程以来，持续对课程建设进行探索，2011年9月份起，心理健康课程正式纳入学院必修课，占2个学分，16个学时，使用教育厅推荐教材教学，对心理健康常识、自我意识发展、学习心理、挫折教育、大学生人格、大学生恋爱、人际关系等多个方面进行课堂教育。

4. 新生心理普查

自2008年起，每年新生入学后一个月左右开展新生心理普查工作，普查范围覆盖到所有新生，采用专业的测评软件进行心理评测，为每一位普查学生建立心理普查档案。对普查结果进行分析，形成新生心理普查报告并上报主管领导及上级部门。自2011年起，我院将心理普查中需要重点观察或进行主动干预的学生名单列出来，反馈至系（部），学院心理咨询室与系（部）协作，对此类学生进行密切观察或主动干预工作，并做好详细的记录，同时按照档案管理规定对相关工作保密。2011—2012学年共计完成1 425人次的心理普查并建立心理档案，系（部）教师访谈心理普查出现异常情况学生189人次，心理咨询室根据系（部）访谈情况反馈，深层次访谈54人次。2011年9月至今，院系两级心理健康教师共发现异常情况43例、主动咨询访谈49人次，发现精神类疾病1例，转至专业精神病治疗机构1例。消除了潜在危险，确保了学生安全。

5. 开展“5·25”心理健康月活动

每年5月开展“5·25”心理健康月活动，自2009年起已经连续开展7届。一系列的主题活动如：心理趣味运动会、心理健康主题讲座、心理知识图片展、优秀心理电影展播、人际关系主题班会、心理健康主题调查活动、心理健康主题辩论赛等丰富多彩的活动项目，使广大学生对人与人之间的相处有更好的认识，以更加宽容、乐观的态度对待自己、对待他人，共同创建和谐美好的校园氛围。

6. 培训班级心理委员和朋辈辅导员

自2015年开始，我院培训并聘用了一批朋辈辅导员，对其进行培训。培训内容包括心理健康基本知识、心理异常的识别与转介、谈话技巧等。

7. 指导心理协会活动

指导学生社团开展丰富多彩的活动。院学生会心理信息部是我院最大的心理类学生社团组织，是心理健康教育活动开展的主要执行力量，为了更好地服务广大学生，2015年特将学生会心理信息部更名为“心灵氧吧”学生工作室，开辟专门的办公场所，更大程度地宣传心理健康常识，为需要帮助的学生提供及时的心理健康服务。

第三节　预约制度

一、心理咨询须知

（1）心理健康教育中心的服务对象为在校学生。来访学生在接受咨询之前，请向中心工作人员出示有效证件。为了方便后续的跟踪咨询服务，中心需要把来访者的真实姓名、所在院系、专业、联系方式、家庭及求学背景登记在案（特殊情况下可以不登记），这些个人资料只用于心理咨询中心的管理，不会透露给其他单位和个人。

（2）坦诚地向咨询老师表露自己，不必掩饰或伪装。来访者应把自己个人的限制、内心真正的困惑或咨询过程中产生的问题、感受与咨询老师沟通，以便更快、更好地达到咨询效果。

（3）自愿、自由。是否开始或终止接受心理咨询都由来访者本人决定，咨询老师只能提出建议，无权强硬要求。相应地，随意地终止咨询带来的不良影响也由来访者本人承担。另外，来访者可以自由选择咨询老师，以使个人问题得到有效的帮助。咨询过程中，来访者若对咨询方向或方法有异议，可与咨询老师进行必要的讨论并修正。

（4）尊重咨询老师。来访者必须提前预约咨询时间，并按约定时间准时到达中心。来访者应认真配合咨询老师的工作，按时完成“作业”，把个人的感悟与改变有效地反馈给咨询老师。

（5）自主。心理咨询的理念是“助人自助”，所以咨询的主角不是咨询老师，而是来访者自己。不要期待咨询老师为你做主，给你出主意、想办法，甚至做决定。不能过分依赖心理咨询，也不要以为咨询总能一次性解决问题。事实上，心理咨询不是“一贴灵”，世上没有灵丹妙药，所以请记住，只有你自己才能真正解决你的问题！

二、心理咨询约谈预约流程

（1）来访者须持本人有效证件（学生证、身份证、阅览证等）进行预约登记，然后按顺序咨询。

（2）来访者可通过电话或者直接到咨询中心办公室预约时间。中心预约电话为：52810247。

（3）来访者应积极配合咨询老师的工作，若在约定的时间不能按时来访，请提前通知中心工作人员。

（4）为保证咨询质量，每次咨询时间原则上不超过 50 分钟。

第四节　心理素质测评介绍

当同学们想了解自身的性格特性时，或者在进行职业生涯规划时想对自己有更深入的了解，以便更好选择人生道路时，可以到心理健康教育中心进行心理素质测评。

所谓心理素质测评，是指通过一系列的科学方法，测试个体的智力水平和个性差异的一种测评方式。它是将科学与经验有机结合起来，针对评价目标，通过定性、定量的方式，对个人的能力、个性、知识水平、职业倾向和发展潜力等方面进行综合测试、分析和评价。与传统评价手段相比，其数据化、客观化的特征特别显著。它是建立在教育测量学、心理学、行为科学、管理学、计算机技术等基础上的一种综合方法。

心理素质测评的实质是对行为的测量，这些行为是心理活动的外在表现，是一组行为而不是单个行为。测评是对一组行为样本的测量，即所测量的行为组是有代表性的一组行为，任何个体在不同时间、空间与条件下的行为表现是不尽相同的，如果我们所测评的行为抽样不同，所得到的结果也会不同。心理

素质测评的行为样本不一定是真实行为，而往往是概括化了的模拟行为，是一种标准化的测验，主要是指测验的编制、实施、记分及测验分数解释程序的一致性，而且也是一种力求客观化的测量。

我院心理健康教育中心有性格测试类量表、职业性向量表和心理健康类量表等多种心理素质测评表。

第五节 情绪调控方法介绍

情绪是什么呢？情绪是人们在内心活动过程中所产生的心理体验。它影响着人们对世界事物是否能够正确认知，也影响着人们的健康，可以说，情绪和人们的生活息息相关。

如果说情绪存在于我们的体内，那么我们可以随心所欲地控制自己的情绪吗？好像也有不能的时候吧？因为有时候，本来不应该发火，却总是生气；想和朋友和解，却还是心存怨恨。

其实，情绪既属于自己，也不属于自己。当情绪属于自己时，我们可以做情绪的“主人”；当情绪不属于自己时，我们就只能做情绪的“仆人”。当你遭遇情绪困扰，当沮丧、担忧、苦闷、烦躁等不良的情绪状态出现时，你知道如何去应对吗？你能及时、有效地调节好自己的情绪，做情绪的主人吗？下面向你介绍几种调节情绪的小方法。

1. 宣泄

宣泄是及时缓解当下情绪的一种最简单的方法。当你感到闷闷不乐时，你可以找朋友倾诉或者写写心理日记，这样，你可以“一吐为快”。

2. 发泄

发泄是自己的情绪在极度激动和难受中，做出的某些应激行为，如摔东西、用拳头击打物品，以缓解自己内心的紧张。学院心理健康教育中心设有情绪发泄房，可以帮助同学们缓解紧张、愤怒的情绪。

3. 转移

情绪反应是建立在高级神经中枢的暂时联系，当人们受到精神刺激时，大脑皮层就会建立起一个兴奋点，如果有意识地再建立一个兴奋点，就可能使原来的兴奋点受到抑制。所以，当你感到心情不爽时，可以去逛逛街、听听音乐，或者找些自己感兴趣的事来做，这样，你的心情会变得好一些。

4. 言语暗示

大家有机会接触心理学的话，会了解暗示的神奇作用。那么，在情绪不好时，怎么运用言语暗示法呢？举个例子来说，当你遇到令人气愤难当的事，预备与对方“大战一场”时，你可以在心里默默地念叨：“冷静点，冷静点，我不能和他一般见识，我会控制住自己的怒气，我一定会表现得很绅士的！”这与电视剧《武林外传》里面郭芙蓉的做法一样，只不过她念的是：“世界如此美好，我却如此暴躁，这样不好，这样不好！”

5. 愉快回忆

我们常常有这样的体会，当我们沉浸于美好的回忆时，心情自然而然会变得很舒畅，这就是运用了愉快回忆法来调整自己低落的情绪。

6. 积极认知

当你正遭遇挫折，感叹上天的不公与世道的不平时，看看你周围那些比你更不幸的人吧，不是为了让你嘲笑他们，而是让你更懂得珍惜自己的幸运！

当你的面前摆着半杯水时，你会说什么呢？是“只有半杯水了”，还是“还有半杯水”呢？如果你是“只有”一族，那么你可能为此感到沮丧；如果你是“还有”一族，那么你可能会为此感到庆幸。生活中的很多事就像这半杯水一样，它本身是不变的，给人带来的是好心情还是坏心情，就看它的主人了。所以，当你在生活中遇到不快的事时，不妨多想想它积极的一面，“塞翁失马，焉知非福”，这样，你就会越来越快乐！

7. 放松

当你陷入愤怒、恐惧、焦虑、忧愁等负性情绪状态时，可以深呼吸、叹气、打哈欠、伸懒腰或者做做放松训练，让自己彻底消除心慌气短、肌肉僵硬等全身性的紧张反应，取得松弛入静的效果。

学院心理健康教育中心为了更好地服务师生心理健康，更好地做好师生的放松训练，配套设有按摩放松椅。临床实践证明，放松训练对于治疗失眠、头痛和考试焦虑有显著效果。

8. 及时求助

当你使用了上述方法仍然不能调节好自己的情绪时，可别忘了及时求助，这也是一个人心理健康的表现。学院心理健康教育中心有专业的心理咨询服务，你可以向他们求助，让自己的情绪困扰得到缓解。

第五章

职业规划

第一节　树立正确的就业观

一、转变“分配工作”思想，争取就业机会

当今社会是竞争的社会，毕业生们要想在激烈的竞争中给自己找到一份不错的工作，必须主动出击，善于表现自己，给用人单位展示自己的长处和优点，让用人单位欣赏你、雇用你。为此，当代大学毕业生应做好职业生涯规划。

1. 确立目标

确立目标可以成为追求成功的驱动力，目标的确立是职业生涯规划的核心。在制定就业目标时，大学生应积极把握社会人才需求的动向，把社会需要作为出发点和归宿，既要看到眼前利益，又要考虑长远的发展；既要考虑个人的因素，也要自觉服从社会需要。

2. 自我评估

认识自己、了解自己，选定适合自己发展的职业生涯路线。对自己的职业兴趣、性格、气质、能力等方面充分认识，分析自己的优势和特长、劣势与不足。

3. 职业的选择

在择业时要考虑性格与职业的匹配、兴趣与职业的匹配、特长与职业的匹配等。

4. 制定行动计划与措施

职业目标选定后，行动成了关键环节，主要是指目标落实的具体措施，包

括教育、培训、实践等。

5. 评估与反馈

成功的职业生涯规划需要审视内外环境的变化，不断对自己的规划进行评估和修订，并调整自己的前进步伐。

二、转变陈旧的就业定义，树立自主创业观念

有些毕业生把从事体力劳动或是服务业等工作看成是“低贱”的，只有当国家干部、端铁饭碗、进大企业才算就业；许多大学生只把眼睛盯在大城市、大单位、高收入、高地位的工作岗位。毕业生要树立只要通过劳动取得合法报酬和收入即为就业的观念，应该改变职业有高低贵贱之分的观念，放下架子，降低期望值。

从目前的就业形势看，国家宏观政策鼓励毕业生自主创业，高等学校也在逐步重视自主创业，社会需要自主创业人才。这不仅可以解决毕业生自身的就业问题，更重要的是可以创造更多的就业机会，因此自主创业是未来就业的一大趋势。有能力创业的优秀学生即便在可以找到理想工作的情况下也应大无畏地去创业，这样可以为有些同学空出岗位；没有落实工作的同学也可以背水一战，激发自己的潜力去创业。自主创业应当成为一种主动的发自内心的要求。“条条大路通罗马”，面对找工作越来越难的现实，应当提倡工作就业的全新价值观，鼓励高校毕业生开展自主创业，学校应当大力培养这类人才先锋。自主创业并不意味着一定要开公司，大学生可以选择开零售商店、开酒吧、做自由撰稿人等，学习医药类专业的毕业生，最好选择诊所、药店来做，现在没有条件自主创业，但是你可以帮助那些从前的成功者，在他们的手下工作，做他们的助手，这样才可能积累今后创业所需的一切，为什么不能从小诊所、小药店干起，小诊所和小药店为什么不能发展成为大医院、连锁药店、药厂、药业公司呢?

三、转变天然人才观念，摆正自己的位置

大学生就业开始由精英阶段向大众化就业阶段迈进，相对的大学生由“天之骄子”逐渐过渡到“普通老百姓”，必然需要一部分毕业生从事与大众化相适应的最基层的、一般性的工作。当前毕业生必须适应市场，调整期望值，确定大众化就业观，到西部去，到基层去。

当代大学生给自己定位难在以下三个方面：① 不了解自己。有些人从没有认真地思考和了解自己，一味地用社会热点来给自己定位。② 心理因素在作怪。很多毕业生在定位的时候会受到自己心理因素的影响，往往难以做出理性的选择。经常可以看到毕业生在择业中的从众现象或逆反现象，许多人过于自尊或过于自卑。③ 干扰因素太多。其中有家长的制约、就业政策的制约等，以及一些不公平现象、突发因素的干扰。

毕业生要定好自己的位置应注意以下几点：首先，要考虑自己的技能、经验和专业；其次，要考虑自己的个性特点、工作的性质、地点、共事的人群以及他人的期望。

中国社会长期以来形成国家资源过度向精英阶层集中的现象，整个社会几十年来的观念是，大学毕业后就当国家干部，大学生就是天然的人才，大学生永远不会失业。这种社会价值取向的偏见，使许多大学生在就业观念上有一种天然的优越感，衍生了一种职业偏见甚至职业歧视。中国高等教育还会继续扩

大规模，大学生的就业困难还会继续，大学生应调整就业观念和增强市场适应力，应尽快实现从大学生天然的人才观到有知识的普通劳动者的转变。

四、降低择业期望值，拓宽就业领域

部分大学生存在择业期望值过高的毛病。所谓择业期望值，是指求职者要获得的职业位置对其在物质、精神上的需求的满足程度。每个毕业生都希望毕业后获得一份能更多、更好地满足自己物质生活和精神生活需求的工作，但必须看到，这种需求变为可能需要受到自身条件和客观因素的制约。择业的期望值必须有一个度，把握不好这个“度”，就难免走入择业的误区。

过去大学毕业生普遍倾向于留在大城市，哪怕为争指标弄得头破血流也不顾。随着社会的发展，人才日益增多，就业竞争更加激烈，大城市剩下的岗位少之又少，人才爆满。当代的学子们何不选择去小城镇、偏远地区，那些地方需要你们的贡献，也会给你们提供更为广阔的发展空间。

不少大学毕业生抱着“男怕入错行，女怕嫁错郎”的观念，视自己所学的专业神圣而为其死守，要求用人单位提供的工作一定要与自己的专业对口，否则宁可不就业。这种做法是不可取的，毕业生应转变“非专业不干”的思想，正视就业的难度，灵活处理自己的就业，不要在一棵树上吊死。

许多大学毕业生在择业时拥挤在正规部门，而不愿意去非正规部门。事实上，许多非正规部门提供的工作岗位往往需要一个人独挡几面，能更全面地锻炼和培养个人能力，能提供比较好的发展空间。同学们应将眼光放得长远些，不要短期内不能获利就不想去，不必跟同学相互攀比谁签的单位好、谁去的城市大。

过去毕业生们都往国营企业里钻，很少人愿意去私营企业、外资企业、三资企业以及乡镇企业。究其原因，那时的国营企业有保障、福利好，能解决户口问题；而私营企业则相对较小、无保障，也没多少福利。可是随着市场经济的逐步确立，小巧灵活的私营企业逐渐火了起来，经济效益颇高。今后在私营企业就业不失为一个好的选择，特别是乡镇企业，那里有学子们施展才华的广阔天空。在中国，中小企业数量占企业总数的99%以上，经营范围几乎涉及国民经济所有的行业和领域，提供了约75%的城镇就业岗位，占每年新增就业岗位的80%以上，而人才匮乏是制约中小企业发展的主要问题之一，造成一部分中小企业管理落后、产品质量不高、技术创新能力弱、市场竞争力不强。积极鼓励广大高校毕业生进入中小企业，既有利于改善中小企业的人才结构，提高职工队伍素质，也有利于促进高校毕业生的就业和妥善安置，可以说是一件双赢的事情。在中小企业，特别是处在发展、上升时期的中小企业或民营企业，往往会因技术人员紧缺而求贤若渴，自己到这样的企业去，可能将有更多的锻炼机会，可以"显山露水"。到中小企业个人的发展空间也许会更大些。

五、增强自身能力，提高综合素质

当代大学生应增强竞争意识，了解将来就业的困难，在校期间努力学习，提高自身能力，为将来择业增加砝码。过去那种进了大学就进了保险箱、无忧无虑、没有压力的日子不复存在了。当代大学生应根据社会需要，加强能力素质培养，提高自身的社会竞争力。要注重和提高自己的综合素质，尤其是创新能力和实践能力，以及与此相适应的观念和意识。提高自身素质，增强竞争能力，除要求具有良好的专业知识技能外，还要求具有良好的思想道德素质，具有较强的工作能力、创新能力和敬业精神，企业特别青睐有专长的复合型人才。那种"记忆型""知识型""书生型"的大学生已不适应现代社会的要求，而学生干部、党员、三好学生，英语基础扎实、计算机有特长、有获奖过级证书，且表达能力强的毕业生往往会受到青睐。

第二节　职业生涯规划与设计

当今社会处在变革的时代，到处充满着激烈的竞争。物竞天择，适者生存，职业活动的竞争非常突出。要想在这场激烈的竞争中脱颖而出，并立于不败之地，必须做好自己的职业生涯规划与设计。

一、职业生涯规划的意义

（1）职业生涯规划可以发掘自我潜能，增强个人实力。

（2）职业生涯规划可以增强发展的目的性与计划性，提升成功的机会。

（3）职业生涯规划可以提升应对竞争的能力。

二、职业生涯规划的含义与特征

（一）职业生涯规划的含义

职业生涯规划是指在对一个人职业生涯的主客观条件进行测定、分析、总结的基础上，对个人的兴趣、爱好、能力、特点进行综合分析与权衡，结合时代特点，根据个人的职业倾向，确定其最佳的职业奋斗目标，并为实现这一目标做出行之有效的安排。

（二）职业生涯规划的特征

（1）可行性。规划要有事实依据，不能是美好幻想或不着边的梦想，否则会延误良机。

（2）适时性。规划是预测未来的行动、确定将来的目标，因此各项主要活动何时实施、何时完成，都应有时间和顺序上的安排，以作为检查行动的依据。

（3）适应性。规划未来的职业生涯目标，牵涉多种可变因素，因此，规划应有弹性，以增加其适应性。

（4）连续性。人生的每个发展阶段应能持续、连贯地衔接。

三、职业生涯规划的步骤

大学生职业生涯规划的基本步骤如下：

第一步：自我认知，即客观认识自我、准确职业定位。

职业生涯规划最基础的工作首先是“知己”，即要客观、全面地认清自我，充分了解自己的职业兴趣、能力结构、职业价值观、行为风格、优势与劣势等。人才素质测评是全面、科学地认识自我的有效手段和工具。

我们至少需要了解以下四个方面：① 职业兴趣——喜欢干什么；② 职业技能——能够干什么；③ 职业价值观——最看重什么；④ 个人特质——适合干什么。

第二步：职业认知，即评估职业机会、知己知彼。

除了要正确、客观地认识自我，还必须更多地了解各种职业，尤其是一些热门行业、热门职位对人才素质与能力的要求。深入地了解这些行业与职位的需求状况，结合自身特点评估外部事业机会，才能选择可以终生从事的理想职业。

对职业机会的评估需要理性，真正做到知己知彼。切忌想当然，对不熟悉的行业和职位不切实际的向往，结果是费了九牛二虎之力进入城中，一入围城马上受到现实冲击，迫不及待又要出城，兜兜转转之间，岁已蹉跎，空自消磨。

第三步：确定目标和路径，即择优选择职业目标和路径。

职业生涯规划的核心是制定自己的职业目标和选择职业发展路径。通过前面两个步骤，对自己的优势、劣势有了清晰的判断，对外部环境和各行各业的发展趋势和人才素质要求有了客观的了解，在此基础上制定出符合实际的短期目标、中期目标与长期目标。

正确的职业选择至少应考虑兴趣、性格、特长、价值观、内外环境等几方面因素。

第四步：计划、策略、行动，即终生学习、高效行动。

在确定了职业生涯目标后，行动便成了关键的环节。没有行动，目标就难以实现，更谈不上事业的成功。这里所指的行动，是指落实目标的具体措施，主要包括工作、训练、教育、轮岗等方面的措施。

第五步：动态反馈调整，即与时俱进、灵活调整。

俗话说："计划赶不上变化"，影响职业生涯规划与发展的因素诸多，有的因素是可以预测的，而有的因素却难以预测。在此状况下，要使职业生涯规划行之有效，就必须不断地对职业生涯规划进行评估与调整。其调整的内容包括：职业的重新选择；职业生涯路线的选择；人生目标的修正；实施措施与计划的变更，等等。

当然，事在人为，再优秀、再动人的职业生涯规划也取代不了个人的主观努力。职业生涯规划的目的是建立目标、树立信心，职业生涯规划只是走向成功的必要手段，能否成功则主要取决于个人的努力。

四、职业生涯目标规划举例

（1）定出未来发展目标：你想干什么？想成为什么样的人？想做哪一件大事？想取得什么成就？想发挥自己哪一方面的优势与特长？想成为哪一专业的佼佼者？把这些问题确定后，你的人生目标也就确定了。当然目标是建立在自我分析与内外环境分析的基础上，否则目标就失去意义。

（2）定出今后十年大计：为什么定十年不定二十年呢？因为二十年太长，容易令人泄气，十年正合适，而且十年工夫，足够干成一件大事。今后十年，你希望自己成为什么样子？有什么样的事业？要过上什么样的生活？你的家庭与健康水平如何？你将获得什么样的社会地位？这些都可以一条一条地计划好，记录在案。

（3）定出五年计划：定出五年计划的目的，是将十年大计分阶段实施，并将计划进一步具体、细化，将目标进一步分解。

（4）定出三年计划：俗话说，五年计划看头三年。因此，你的三年计划，要比五年计划更具体、更详细，因为计划是你的行动准则。

（5）定出明年计划：定出明年计划，以及实现计划的步骤、方法与时间表。计划要具体、切实可行。如果从现在开始制定目标，则应单独定出今年的计划。

（6）定出下月计划：下月计划应包括下月计划做的工作，应完成的任务、质和量方面的要求，财务上收支，计划学习的新知识和有关信息，计划结识的新朋友，等等。

（7）定出下周计划：计划的内容与上述（6）相同。重点在于具体、详细，切实可行。而且每周末提前计划好下周的计划。

（8）定出明日计划：明天计划要做哪几件事？哪几件事是最重要的？把它们挑来，取最重要的三至五件事，按事情轻重缓急，按先后顺序排好队，明日按计划去做可以避免“捡了芝麻、丢了西瓜”，对一个人提高办事效率大有好处。

第三节　大学生就业与创业指导

大学生就业与创业指导旨在帮助我院高职学生了解人才市场行情，把握政策，掌握方法，了解程序，少走或不走弯路，顺利做好就业、择业和创业准备，树立科学、准确的职业理想和择业观念，正确看待自己，找准自己的位置，使学生能够了解新形势、新政策，树立新观念，适应新的就业形势的发展变化。

第一部分　大学生就业指导

一、就业信息的来源

学生进入大三后，学院就业处或分院就业办遵循“公平、公开”的原则，对毕业生发布就业信息。学生获取就业信息的主要途径有：

（1）辅导员。学院将就业信息通知辅导员，学生可以从辅导员处获取就业信息。

（2）校园网。学生可以登录学院就业信息网查询相关信息（网址：http://www.hnjd.net.cn/publish/jyxx/jyxx.aspx？channel=83）。

（3）各分院就业信息网。

（4）省就业办信息网（网址：http://www.hunbys.com/index.html）。

二、毕业生派遣程序

（一）毕业生信息确认

每年9月份，学院招生就业处根据教务处注册的全日制学生信息情况表，向各分院发放毕业生信息。由学生本人对姓名、性别、专业、生源地址核对并签字确认，11月份信息核对好后报江西省毕业生就业指导中心信息网。次年1月份开始，统计毕业生就业单位，6月份上报学院就业率。

1. 学生确认个人信息应注意的问题

（1）姓名用字要准确；不要用同音字。

（2）生源地要确认到省、自治区的县级市、县、旗，直辖市的区、县，不清楚的一定要询问清楚。例如：山东省龙口市（龙口市是县级市）、江西省玉山县、南昌市经济开发区等。

（3）生源地。户口迁到学院的学生，“生源地”填入校前户籍所在地；未迁户口的学生填当时户籍所在地。

（4）确认表不能改变顺序，不能减人，可以加人，但需要用红色字体注明。

（5）学生本人确认完个人信息后，由本人签字，不能由别人代签。

（6）本表电子表格及纸质表格各一份，纸质表格由学生本人签字。

2. 学院就业指导中心向学生发放的各种毕业去向材料

（1）就业协议书。就业协议书是毕业生与用人单位达成正式工作意向后签署的具有法律效力的文件。就业协议书一式三份，每位毕业生只领取一份。就业协议书不得复印、自制、转让他人。毕业生与用人单位签订的就业协议书，经用人单位或者用人单位主管部门签署意见、加盖公章后，如属常规就业，直接交学院招生就业处，如属灵活就业，由各分院就业干事交学院招生就业处。各分院审核灵活就业协议书后，签署意见、加盖分院公章后，交于学院招生就业处。招生就业处将就业单位录入电子表格，编制就业方案，报江西省就业指导中心审批。江西省就业指导中心审核批准学校上报的毕业生就业方案后，统一签发毕业生就业报到证。毕业生凭就业报到证到常规就业单位报到、到人才交流中心挂编、到生源地落户口等。

（2）毕业生登记表。学生毕业时装入档案的学生身份材料。

（3）升学证明。出示本科学校的录取通知书原件，学院存留复印件。

（4）出国证明。学生出国手续的复印件。

（5）毕业生推荐表。学院推荐、学生“自联”，到就业单位实习或就业的书面材料。

3. 学生毕业时应注意的问题

（1）毕业去向材料中的就业协议书、毕业生登记表、毕业生推荐表每个学生必须有一份。

（2）升学通知书和已签署的就业协议，必须在第一时间交回各分院就业指导中心。

4. 学生毕业时拿到的证件

（1）本地和未迁户口的外地学生毕业时拿到的证件有：毕业证、报到证、档案。

（2）外地已迁户口的学生毕业时拿到的证件有：毕业证、报到证、档案、户口迁移证。

5. 学生毕业工作的常见问题（全日制统招生适用）

（1）学生人事档案自加盖江西旅游商贸职业学院封印章后具有法律效力，除有人事任命权的企事业单位或人才交流中心外可以拆封外，任何单位和个人不能私自拆封人事档案。擅自拆封后，人事档案无效。

（2）毕业生没有找到具有人事任命权的企事业单位，无法挂靠人事档案的，可以将人事关系挂靠在江西省人才交流中心，或挂靠在学生户籍所在地的省、市、县的人才交流中心。

（3）学生毕业时，学院户籍办从双岭派出所统一将学生户口迁出，学生必须及时将户口迁回原户籍所在地的居委会落户，否则，学生户籍将自学院从双岭派出所迁出一个月后自动失效。不迁回原籍的同学，可以连同档案一起挂靠在江西省人才交流中心或学生户籍所在地省、市、县的人才交流中心。

（二）毕业生就业前应具备的法律知识

1. 了解职业活动中的主要法律法规

高校毕业生在求职就业过程中享有哪些合法权益，权益受到侵害时如何维护，是毕业生在走出校门之前应该了解的。近年来，我国制定的重要劳动法律有：《中华人民共和国劳动法》《中华人民共和国劳动合同法》《中华人民共和国劳动争议调解仲裁法》《中华人民共和国就业促进法》《中华人民共和国职业病防治法》《中华人民共和国安全生产法》《中华人民共和国工会法》等；重要劳动法规有《中华人民共和国工伤保险条例》《中华人民共和国失业保险条例》《中华人民共和国社会保险费征缴暂行条例》《中华人民共和国劳动合同法实施条例》等。其中，毕业生在就业前后，需要重点把握的法律有《劳动法》《劳动合同法》和《劳动争议调解仲裁法》。

2. 常见的就业陷阱

就业陷阱的表现形式五花八门，但所有的就业陷阱都有一个共同点，即所谓的用人单位招聘目的不是安排就业，而是通过各种手段骗取毕业生的钱财或劳动力。

（1）发布虚假职位信息，以招聘之名非法敛财，以招聘之名盗取个人信息，借招聘之名窃取劳动成果。

（2）通过招聘压榨劳动力。粉饰职位信息骗取劳动力，借试用期榨取廉价劳动力。

（3）非法的职业中介机构。

（4）传销陷阱。识别传销可以从以下几个方面来把握：

第一，从组织方式看，传销组织者承诺给予参加者高额回报，发展他人加入，参加者再以同样的方式介绍或发展他人加入，由此组成上下线紧密联系的传销网络。

第二，从计酬方式看，传销组织者以参加者发展下线的数量为依据，计算和给付报酬，形成传销的“金钱链”。

第三，从销售方式看，与直销的单层次销售，即直接将商品推销给最终消费者相区别，传销是多层次网络式销售。

第四，从经营目的看，传销不以销售商品为最终目的，而以发展人员数量、骗取钱财为最终目的。

身陷传销组织该怎么办呢？如果你被骗到外地，到达当地后朋友绝口不谈工作、生意，而是带你游山玩水、熟悉环境，并且要看你的身份证、借用你的手机，这时你就要提高警惕，发现情况不对时，一定要机智冷静，在确保自身安全的情况下设法逃脱。当发现该组织从事传销活动，且证据确凿，应设法与当地公安机关、工商机关取得联系，及时举报。

3. 避免就业陷阱的防范措施

俗话说，防患于未然，对于可能发生的危险事件，关键在于预防。面对就业陷阱，最重要的是要有安全意识和警惕心理，在自主选择用人单位的时候，要注意了解其真实情况，在被不明公司选择的时候则更要万分小心。

（1）及时核实用人单位的相关信息。核实的方式主要有两种，一是登录相关用人单位官方网站，进行核查与验证；二是到各地区工商行政管理部门的企业注册系统查询。

（2）通过规范渠道就业。

（3）提高自我保护意识。主要的维权途径包括：学校出面调解；向劳动监察部门申诉、举报；向劳动仲裁机构申请仲裁；向人民法院提起诉讼等。

第二部分　大学生创业指导

一、创业准备及创业的一般过程

（一）创业准备

（1）了解企业法律制度，如：成立合伙企业、有限责任公司、股份有限公司的相关法律法规。

（2）市场调研。

（3）心理准备，如：创业意识、信心、胆识、主见、爱心以及风险的承担，等等。

（4）资金准备。

（二）创业的一般过程

尽管各行各业千差万别，但是经济活动还是有许多程序、步骤是每一个创业者都必须经历的。

（1）选择企业形式。企业形式有合伙制和公司制。其中责任有限公司的注册资金法定最低额为 3 万元。

（2）选择营业地址。

（3）聘请员工。

（4）开始营业。

（5）核算效益。

（6）修改计划。

（三）申请证照的步骤

1. 提供注册资料

（1）个人资料，包括身份证、法人户口本复印件或户籍证明、居住地址、联系电话等。

（2）注册资金。

（3）拟注册公司名称。

（4）公司经营范围。

（5）注册地址、生产许可证、租赁合同。

2. 办理流程

（1）企业名称核准。

（2）刻章、验资。

（3）办理营业执照。

（4）办理组织机构代码证。

（5）办理税务登记证。

（6）开立银行账户。

（7）购买发票。

3. 几点要注意的问题

（1）办理流程中的（1）~（4）项在工商部门办理；第（5）项及第（7）项在税务部门办理；第（6）项在银行办理。如果你不想麻烦，可以请中介代劳。

（2）选择营业地址时要注意：营业地址与本行业的契合度，该地方的人气、同行业竞争程度、交通状况，自己对该地方的环境和人文的熟悉程度、消费水平，等等。

（3）聘请员工时要注意：店铺刚开业，聘请的员工不宜过多；员工的素质、工资、培训不可小视；聪明的老板既能利用好社会已有的人才，又能为社会培养人才，从他门下走出去的人才越多，他的活广告越有力。

（4）开业典礼时应注意：开业典礼是融通各种社会关系的重要手段。举行开业典礼一定要做到面面俱到，如政府主管、同行对手、朋友同学、部下等。

（5）首次核算。创业时期的老板一定要事无巨细，在金钱的进出上严格把关，这不是吝啬、抠门，是要把钱花得明白，认清盈亏，及时把握企业发展的脉搏、方向和前途。

（6）调整、完善计划。现代市场经济瞬息万变，要随时准备修改创业计划。要对企业进行深入研究、分析，找出成败原因，千万不能打糊涂仗。

第四节　学生职业道德规范

一个人要想像雄鹰一样展翅高飞，就必须有智慧和良好的道德这两个坚硬的翅膀。而职业道德素质则是一个人未来职业生涯是否成功的关键。良好的职业道德素质，能够促使劳动者忠实地履行自己的职责。作为新世纪的大学生，尤其是高职生，掌握职业道德及其规范的内容与要求，树立正确的职业道德观念，既有利于提高自身的职业道德素质，又有利于在职业活动过程中增加成功的机会。

一、职业道德

职业道德是人们在职业活动中所遵守的行为规范的总和，具有行业性、广泛性、实用性和时代性的特点，其核心是全心全意为人民服务，其基本原则是集体主义。

二、职业道德基本规范

职业道德基本规范包括爱岗敬业、诚实守信、办事公道、服务群众、奉献社会五个方面的内容。

三、职业道德行为养成

（一）职业道德行为养成的途径和方法

1. 在日常行为中培养

（1）从小事做起，严格遵守行为规范。

（2）从自我做起，自觉养成良好习惯。

2. 在专业学习中训练

（1）增强职业意识，遵守职业规范。

（2）重视技能训练，提高职业素养。干一行爱一行，干一行钻一行。

3. 在社会实践中体验

（1）参加社会实践，培养职业感情。

（2）学做结合，知行合一。

4. 在自我修养中提高

（1）体验生活，经常进行“内省”。

（2）学习榜样，努力做到“慎独”。

（二）职业道德行为养成的作用

（1）提高综合素质。

（2）促进事业发展。

（3）实现人生价值。

（4）抵制不正之风。

第五节 国家相关政策、法规

一、湖南省人民政府办公厅关于进一步促进以高校毕业生为重点的青年创业就业的实施意见（湘政办明电〔2014〕89号）

各市州、县市区人民政府，省政府各厅委、各直属机构，在湘各普通高校：

为充分激发青年（指16~45周岁人群，以下简称青年）创业就业活力，根据《国务院办公厅关于做好2014年全国普通高等学校毕业生就业创业工作的通知》（国办发〔2014〕22号）和《中共湖南省委贯彻落实〈中共中央关于全面深化改革若干重大问题的决定〉的实施意见》精神，经省人民政府同意，现就进一步促进以高校毕业生为重点的青年创业就业提出如下实施意见：

一、鼓励企业吸纳就业。全省各类企业应积极为普通高等学校毕业生（以下简称高校毕业生）提供适合的就业岗位。从2014年起实行高校毕业生企业就业养老保险费率过渡试点，对符合规范签订劳动合同、参保率和缴费率均达90%以上的企业，吸纳毕业3年内高校毕业生就业新参保（含转移接续养老保险关系）时，中小微企业单位为其缴纳的养老保险费率可从12%起步，非中小微企业单位可从14%起步，每年增加1%，逐年过渡到统一费率20%，费率调整不针对高校毕业生个人应缴纳养老保险费率部分。对其中劳动密集型企业和中小微企业新招用毕业年度高校毕业生的，按照省人民政府办公厅《印发〈关于鼓励支持劳动密集型企业和中小微型企业吸纳就业的若干措施〉的通知》（湘政办发〔2013〕41号）规定继续给予社会保险补贴，补贴期限延长至2015年年底。对小微型企业新招用应届高校毕业生开展岗前培训的按照职业培训补贴标准60%补贴。科技型小微型企业招收毕业年度高校毕业生达到一定比例的，可申请最高不超过200万元的小额担保贷款及财政贴息，具体操作按国家相关规定执行。

二、鼓励城乡基层多形式就业。探索建立高校毕业生到基层就业的工资激励制度。启动政府购买服务的方式吸纳高校毕业生到基层公共管理和服务领域岗位就业试点工作。进一步完善高校毕业生基层就业项目优惠政策，年内出台我省普通高校毕业生到基层单位就业的学费补偿和助学贷款代偿办法。对高校毕业生到我省武陵山、罗霄山连片特困地区从事专业技术性工作，申报相应职称时可免予职称外语考试或给予外语成绩降低10分的照顾。市级以下机关招考公务员和事业单位空岗补员时，安排不低于15%比例定向招录（聘）基层服务项目期满合格的高校毕业生。离校未就业应届高校毕业生实现灵活就业，在公共就业人才服务机构办理实名登记并按规定缴纳社会保险费的，给予最长不超过2年的社会保险补贴，具体参照就业困难人员灵活就业社会保险补贴有关规定执行。

三、鼓励自主创业。2014年至2017年，在全省范围内实施大学生创业引领计划，通过提供创业服务、落实创业扶持政策、提升创业能力、补助和扶持更多高校毕业生自主创业，逐步提高高校毕业生创业比例，鼓励以高校毕业生为重点的青年自主创业。

1. 加强创业教育培训和创业孵化服务。我省普通高校要普遍开设创业课程作为在校生必修课。从2014年起，将在湘普通高校在校大学生纳入创业培训范畴，并给予一次创业培训补贴，由人力资源社会保障部门、教育部门和高校协同编制创业培训计划，使每一位有创业意愿的大学生获得创业培训机会。鼓励高校、教育培训机构、创业服务企业、行业协会等开发创业培训项目，并择优纳入创业培训计划。各地要按规定充分利用关停企业场地，依托工业园区、产业集群区等开展创业孵化基地建设，全省每年重点扶持30个青年创业孵化基地建设。建立健全青年创业辅导制度，择优选拔青年创业导师，分别组建省级创业专家服务团和创业培训讲师团，加强对创业孵化及培训服务指导。

2. 鼓励支持网络创业。从2014年起，将高校毕业生网络创业纳入扶持范畴。对在《湖南省电子商务发展规划（2013—2020）》范畴内从事电子商务经营，并通过网上交易平台实名注册认证取得电子营业执照的，经人力资源社会保障、财政部门认定，可按规定享受小额担保贷款和贴息政策。各地应积极开展符合电子商务产业发展需求的职业培训，鼓励青年创办网络企业对新招人员开展岗前培训，并按规定给予职业培训补贴。

3. 落实税费减免及金融扶持。各地、各部门要进一步落实相关创业扶持政策。工商登记环节简化工商登记手续，对高校毕业生创办小微企业或个体经营的3年内免收登记类、证照类和管理类等行政事业性收费。税收环节对青年创办的小型微利企业，按现行政策规定落实好企业所得税优惠政策，对营业税纳税人中月营业额不超过2万元的企业或非企业性单位，暂免征收营业税。企业从事符合条件的环境保护、节能节水、国家重点扶持的公共基础设施项目投资经营的所得，自项目取得第一笔生产经营收入所属纳税年度起，第1年至第3年免征企业所得税，第4年至第6年减半征收企业所得税。对符合条件的从事个体经营的高校毕业生，按现行政策在3年内限额依次扣减其当年实际应缴纳的营业税、城市维护建设税、教育费附加和个人所得税。金融支持环节，各银行金融机构要创新金融产品及服务支持青年创业，重点解决高校毕业生贷款反担保难问题。各级财政要加大对小额担保贷款及贴息资金的投入支持青年创业就业。青年在创业地按规定个人申请不超过10万元、合伙经营不超过50万元的小额担保贷款，对从事微利项目的，据实给予全额贴息。

四、加强高校公共就业服务。高校要采取措施积极开展校企对接、组织校园招聘促进高校毕业生就业。各地人力资源社会保障、教育、税务、工商、公安、团委、行业主管等部门要深入高校开展服务进校园活动，从政策、资金、业务等方面支持高校开展就业促进活动，整合各方力量组织开展民营企业招聘周、高校毕业生就业服务月、就业服务周、大中城市联合招聘高校毕业生专场活动和全国高校毕业生网络招聘月等专项服务活动。人力资源社会保障部门、教育部门、各高校要共同做好离校未就业高校毕业生实名制登记与信息共享工作。

五、推动大学生提升职业能力。积极推动校企合作人才培养机制，鼓励高校充分利用本土优质企业资源推动高校就业指导精品课程建设，提高本土企业知名度、提升大学生职业能力，教育、科技、人力资源社会保障、财政、行业主管等部门给予相应支持。各高校要切实组织好在校大学生的专业实习和就业准备，鼓励校企合作开展实习、实训。各地要积极实施高校毕业生技能就业专项活动、完善就业见习，妥善安排离校未就业高校毕业生参与职业技能提升，要结合当地产业需求进一步开发就业见习基地、扩大就业见习规模、提升见习质量。就业见习取消对高校毕业生户籍限制，见习基地应根据当地物价水平适当提高见习期间基本生活补助标准。高校毕业生见习期间参加职业培训的，按现行政策给予职业培训补贴。

六、强化就业服务和就业帮扶。各地区要深入实施离校未就业高校毕业生就业促进计划，将离校未就业高校毕业生全部纳入公共就业人才服务范畴，力争使每个有就业意愿的未就业高校毕业生在毕业半年内实现就业或参加到就业准备活动中。各有关部门要妥善做好高校毕业生离校前后的服务衔接。高校毕业生到小微型企业就业、自主创业的，其档案可由市、县级公共就业人才服务机构免费保管。各地各部门要将城乡低保家庭、纯农户家庭、优抚对象家庭、孤儿、残疾人中的高校毕业生等作为重点对象，实施针对性就业帮扶。机关事业单位要优先招录上述重点对象，国有企业及国有控股企业、基层公共管理和服务领域岗位招聘人员时要拿出5%～10%比例择优招聘上述重点对象。各级公共就业人才服务机构对以上重点对象要优先推荐岗位、优先安排见习培训、优先提供创业服务，对上述重点对象中确实难以就业的可给予公益性岗位托底帮扶，并重点帮助其提升就业能力，尽快实现市场就业。

七、强化信息公开共享。全面推行国有企业分级分类公开招聘和岗位信息的公开发布制度（涉密等特殊岗位除外）。央企湖南分公司自行组织招聘以及省属、地方各级国有企业组织招聘时实行公开招聘，招聘信息应同时通过同级人力资源社会保障部门网站发布，并对拟聘人员予以公示。增强公务员招考和事业单位公开招聘的透明度。教育部门要在每年8月底前将离校未就业高校毕业生实名制信息移交给人力资源社会保障部门。工商、税务部门要将高校毕业生工商注册登记及享受税费减免信息与人力资源社会保障等部门共享。统计部门要将高校毕业生调查就业率及就业质量情况反馈教育及人力资源社会保障部门。人力资源社会保障部门要定期发布当地人力资源市场高校毕业生需求情况及趋势分析。省内各高校自2014年起要建立本校毕业生就业质量年度报告的发布制度。

八、强化高校毕业生就业政府职责。各级政府要将高校毕业生就业工作列入政府政绩考核内容，根据人力资源社会保障部等九部门《关于实施大学生创业引领计划的通知》（人社部发〔2014〕38号）及2013年国务院第9次常务会议实施离校未就业高校毕业生就业促进计划要求，制定“大学生创业引领计划”和“离校未就业高校毕业生就业促进计划”实施方案，细化措施、明确任务、强化责任、确保落实。各级财政要加大对促进高校毕业生创业就业的扶持力度，各级人力资源社会保障部门要会同教育部门完善高校毕业生就业工作部门协调机制、落实高校毕业生就业工作职责。教育部门要推动健全高校教育的就业反馈和引导机制，把就业率、就业质量和创业情况作为高校办学评价体系的重要内容。发改部门要结合产业转型升级积极促进适合高校毕业生就业的产业行业发展，并积极推动国有企业落实社会责任吸纳各类困难高校毕业生就业。新闻媒体要与教育、人力资源社会保障、团委、科技等部门协作、充分发挥本地主流媒体作用，进一步加大创业就业宣传力度，形成全社会关心支持以高校毕业生为重点的青年创业就业的舆论氛围。

留学回湘及来湘就业创业的青年符合条件的亦可享受本实施意见规定的扶持政策。凡享受本通知各项政策的高校毕业生，均须在就业创业当地人力资源社会保障部门街道（乡镇）劳动保障服务站或社区劳动保障服务中心进行实名制登记备案。

本实施意见自印发之日起执行；以前出台的促进高校毕业生创业就业政策与本实施意见不同的，按本实施意见执行。

湖南省人民政府办公厅

2014年7月2日

二、关于印发《高等学校学生应征入伍服义务兵役国家资助办法》的通知财教〔2013〕236号

党中央有关部门，国务院有关部委、有关直属机构，武警部队，各省（自治区、直辖市、计划单列市）财政厅（局）、教育厅（教委、教育局）、征兵办公室，新疆生产建设兵团财务局、教育局，各军区，各军兵种，军事科学院，国防大学，国防科学技术大学，各省军区（卫戍区、警备区），中央部门直属各高等学校：

为推进国防和军队现代化建设，鼓励高等学校学生积极应征入伍服义务兵役，提高兵员征集质量，财政部、教育部、总参谋部制定了《高等学校学生应征入伍服义务兵役国家资助办法》，现印发给你们，请遵照执行。

附件1：高等学校学生应征入伍服义务兵役国家资助办法

附件2：高校学生应征入伍学费补偿国家助学贷款代偿申请表

附件3：高校学生退役复学学费减免申请表

财政部 教育部 总参谋部

2013年8月20日

附件1：

高等学校学生应征入伍服义务兵役国家资助办法

第一章　总　　则

第一条　为推进国防和军队现代化建设，鼓励高等学校学生积极应征入伍服义务兵役，提高兵员征集质量，对应征入伍服义务兵役及退役后自愿回校复学的高等学校学生，国家给予资助。现根据有关规定，制定本办法。

第二条　高等学校学生应征入伍服义务兵役国家资助，是指国家对应征入伍服义务兵役的高校学生，在入伍时对其在校期间缴纳的学费实行一次性补偿或获得的国家助学贷款（国家助学贷款包括校园地国家助学贷款和生源地信用助学贷款，下同）实行代偿；应征入伍服义务兵役前正在高等学校就读的学生（含按国家招生规定录取的高等学校新生），服役期间按国家有关规定保留学籍或入学资格、退役后自愿复学或入学的，国家实行学费减免。

第三条　本办法所称高等学校是指根据国家有关规定批准设立、实施高等学历教育的全日制公办普通高等学校、民办普通高等学校和独立学院（以下简称“高校”）。

第四条　本办法所称高校学生是指高校全日制普通本专科（含高职）、研究生、第二学士学位的应（往）届毕业生、在校生和入学新生，以及成人高校招收的普通本专科（高职）应（往）届毕业生、在校生和入学新生（以下简称“高校学生”）。

下列高校学生应征入伍服义务兵役不享受国家资助：

（一）在校期间已免除全部学费的学生；

（二）定向生、委培生和国防生；

（三）其他不属于服义务兵役到部队参军的学生。

第五条　高校学生应征入伍服义务兵役国家资助资金，全部由中央财政安排。

第二章　标准及年限

第六条　学费补偿、国家助学贷款代偿及学费减免标准，本专科生每人每年最高不超过6 000元，硕士研究生每人每年最高不超过8 000元，博士研究生每人每年最高不超过10 000元。

学费补偿或国家助学贷款代偿金额，按学生实际缴纳的学费或获得的国家助学贷款（国家助学贷款包括本金及其全部偿还之前产生的利息，下同）两者金额较高者执行，据实补偿或者代偿。退役复学后学费减免金额，按学校实际收取学费金额执行。超出标准部分不予补偿、代偿或减免。

获学费补偿学生在校期间获得国家助学贷款的，补偿资金必须首先用于偿还国家助学贷款。如补偿金额高于国家助学贷款金额，高出部分退还学生。

第七条　获得国家助学贷款的高校在校生应征入伍后，国家助学贷款停止发放。

第八条　学费补偿、国家助学贷款代偿和学费减免的年限，按照国家对本科、专科（高职）、研究生和第二学士学位规定的相应修业年限据实计算。以入伍时间为准，入伍前已达到的修业规定年限，即为学费补偿或国家助学贷款代偿的年限；退役复学后应完成的国家规定的修业年限的剩余期限，即为学费减免的年限；复学后攻读更高层次学历不在减免学费范围之内。

专升本、本硕连读、中职高职连读、第二学士学位毕业生补偿学费或代偿国家助学贷款的年限，分别按照完成本科、硕士、高职和第二学士学位阶段学习任务规定的学习时间计算。

专升本、本硕连读学制在校生，在专科或本科学习阶段应征入伍的，以实际学习时间实行学费补偿或国家助学贷款代偿；在本科或硕士学习阶段应征入伍的，以本科已学习时间或硕士已学习时间计算，实行学费补偿或国家助学贷款代偿，其以前专科学习时间或本科学习时间不计入学费补偿或国家助学贷款代偿。中职高职连读学生学费补偿或国家助学贷款代偿的年限，按照高职阶段实际学习时间计算。

第三章 申请与审批

第九条 高校学生申请应征入伍服义务兵役国家资助应遵循以下程序：

（一）应征报名的高校学生登录大学生征兵报名系统，按要求在线填写、打印《高校学生应征入伍学费补偿国家助学贷款代偿申请表》（一式两份，以下简称《申请表》）并提交学校学生资助管理部门。在校期间获得国家助学贷款的学生，需同时提供《国家助学贷款借款合同》复印件和本人签字的一次性偿还贷款计划书。

（二）学校相关部门对《申请表》中学生的资助资格、标准、金额（如有生源地信用助学贷款，学校应联系贷款经办银行或贷款经办地县级学生资助管理机构确认贷款金额）等相关信息审核无误后，对《申请表》加盖公章，一份留存，一份返还学生。

（三）学生在征兵报名时将《申请表》交至入伍所在地县级人民政府征兵办公室（以下简称“县级征兵办”）。学生通过征兵体检被批准入伍后，县级征兵办对《申请表》加盖公章并返还学生。

（四）学生将《申请表》原件和入伍通知书复印件，寄送至原就读高校学生资助管理部门。

第十条 高校学生资助管理部门在收到学生寄送的《申请表》和《入伍通知书》复印件后，对各项内容进行复核，符合条件的，应及时向学生进行学费补偿或国家助学贷款代偿。

对于办理校园地国家助学贷款的学生，由学校按照还款计划，一次性向银行偿还学生校园地国家助学贷款本息，并将银行开具的偿还贷款票据交寄学生本人或其家长。偿还全部贷款后如有剩余资金，汇至学生指定的地址或账户。

对于入学前在户籍所在县（市、区）办理了生源地信用助学贷款的学生，由学校根据学生签字的还款计划，一次性向银行偿还学生生源地信用助学贷款本息，或由学校将代偿资金汇入学生贷款经办地县级学生资助管理机构账户，由县级学生资助管理机构向银行偿还；学校或县级学生资助管理机构将银行开具的偿还贷款票据交寄学生本人或其家长，县级学生资助管理机构还应同时将偿还贷款票据复印件寄送学生就读高校。偿还全部贷款后如有剩余资金，汇至学生指定的地址或账户。

第十一条　退役后自愿回校复学的学生，到学校报到后向学校提出学费减免申请，填写并提交《高校学生退役复学学费减免申请表》和退出现役证书复印件。学校学生资助管理部门在收到申请材料后，及时对学生申请资格进行审核认定。符合条件的，及时办理学费减免手续。

第十二条　资助资金不足以偿还国家助学贷款的，学生应与经办银行重新签订还款计划，偿还剩余部分国家助学贷款。

第十三条　应征入伍服义务兵役的往届毕业生，如申请国家助学贷款代偿的，应由学生本人继续按原还款协议自行偿还贷款，学生本人凭贷款合同和已偿还的贷款本息银行凭证向学校申请全部代偿资金。

第四章　资金拨付和管理

第十四条　中央部门所属高校（以下简称中央高校）国家资助资金由中央财政拨付全国学生资助管理中心，地方所属高校（以下简称地方高校）国家资助资金由中央财政拨付各省级财政部门。

第十五条　地方高校学生应征入伍服义务兵役国家资助资金采取“当年先行预拨，次年据实结算”的办法。中央财政于每年5月底前，对各省份上一年度实际所需资助经费进行清算，并以上一年度实际支出金额为基数提前下达各省份当年资金预算。

第十六条　中央有关部门、各省级财政和教育部门应及时将资金拨付至所属高校。各有关高校应采取有效措施，及时支付资助经费，确保国家资助政策及时落实到位。

第十七条　每年10月31日前，中央高校应将本年度高校学生应征入伍服义务兵役国家资助的经费使用等情况，报全国学生资助管理中心审核。地方高校应将本年度高校学生应征入伍服义务兵役国家资助的经费使用等情况，报各省（区、市）学生资助管理中心；各省（区、市）学生资助管理中心审核无误后，于每年11月15日前，报全国学生资助管理中心备案。

第十八条　各地财政、教育部门和高校要严格执行国家相关财经法规和本办法的规定，对高校学生应征入伍服义务兵役国家资助资金实行分账核算，专款专用，并接受财政、审计、纪检监察、主管机关等部门的检查和监督。对弄虚作假、套取财政资金或截留、挤占、挪用财政资金的行为，将按照有关规定严肃处理。情节严重的，将依法追究有关责任人的法律责任。

第五章 管理与监督

第十九条 因本人思想原因、故意隐瞒病史或弄虚作假、违法犯罪等行为造成退兵的学生，学校取消其受助资格，并不得申请学费减免。各省（区、市）人民政府征兵办公室应在接收退兵后及时将被退回学生的姓名、就读高校、退兵原因等情况逐级上报至国防部征兵办公室，并按照学生原就读高校的隶属关系，通报同级教育行政部门。

被部队退回并被取消资助资格的学生，如学生返回其原户籍所在地，已补偿的学费或代偿的国家助学贷款资金由学生户籍所在地县级教育行政部门会同同级人民政府征兵办公室收回；如学生返回其原就读高校，已补偿的学费或代偿的国家助学贷款由学生原就读高校会同退役安置地县级人民政府征兵办公室收回。各县级教育行政部门和各高校应在收回资金后十日内，逐级汇总上缴全国学生资助管理中心。收回资金按规定作为下一年度学费补偿或国家助学贷款代偿经费。

第二十条 因部队编制员额缩减、国家建设需要、因战因公负伤致残、因病不适宜在部队继续服役、家庭发生重大变故需要退出现役等原因，经组织批准提前退役的学生，仍具备受助资格。其他原因非正常退役学生的资助资格认定，由学校所在地省（区、市）人民政府征兵办公室会同同级教育行政部门确定。

第二十一条 各地教育行政部门、人民政府征兵办公室和高校要认真履行职责，按照规定要求，对应征入伍高校学生的入伍资格、资助资格等进行认真审核，不得弄虚作假。对符合要求的高校应征入伍学生，学校应及时办理资助手续。

第六章 附 则

第二十二条 本办法由财政部、教育部、总参谋部负责解释。

第二十三条 本办法自公布之日起实施。2009 年 4 月 20 日财政部、教育部、总参谋部印发的《应征入伍服义务兵役高等学校毕业生学费补偿国家助学贷款代偿暂行办法》（财教〔2009〕35 号）和 2011 年 10 月 19 日财政部、教育部、总参谋部印发的《应征入伍服义务兵役高等学校在校生学费补偿国家助学贷款代偿及退役复学后学费资助暂行办法》（财教〔2011〕510号）同时废止。

第六节 生源地贷款以及兵役补偿办理指南及操作流程

一、生源地国家助学贷款办理指南

（一）申报材料

1. 贷款证明材料

在"学生在线服务系统" http://www.csls.cdb.com.cn 上进行贷款申请后导出并打印《国家开发银行生源地贷款申请表》（以下简称"申请表"）。

首次申请贷款的学生需持申请表前往村（居）委会进行资格审查并加盖公章（通过高中预申请的学生不用进行此项资格审查）。

2. 身份证明材料

① 通过高中预申请的学生，学生及共同借款人需要一起到县级资助中心办理申贷手续。需出示双方身份证原件、双方户口簿原件，以及新生录取通知书原件。

② 不属于高中预申请范围且为首次贷款的学生，学生及共同借款人需要持村（居）委会加盖公章的申请表一起到县级资助中心办理申贷手续。需出示学生及共同借款人双方的身份证原件、新生录取通知书原件（高校在校学生为学生证原件）、双方户口簿原件。

③ 续贷的，学生和共同借款人任何一方到县级资助中心即可办理有关手续。需出示本人身份证原件。

（二）申报及办理程序

1. 贷款受理部门

借款学生所属县（市、区）教育局学生资助管理中心（以下简称"县资助中心"）。

2. 审核材料

首次贷款时，学生和共同借款人必须同时到场，持上述申报材料向所在县资助中心提交借款申请。县资助中心对借款学生进行审查。

3. 签订合同

审查通过后与借款学生签订由湖南分行统一印制的《生源地信用助学贷款借款合同》（以下简称“借款合同”），该合同待湖南分行审批通过后方正式生效。县资助中心同时打印《国家开发银行生源地贷款受理证明》，盖章确认后交学生随同借款合同一并带往高校报到。

4. 电子合同回执单录入

借款学生持盖章后的受理证明到高校报到；高校学生资助中心老师根据受理证明，登录生源地助学贷款信息管理系统，录入并确认验证码和欠缴金额。生源地信用助学贷款回执录入截止时间统一为10月10日。

5. 贷款发放与支付

由支付宝对借款学生进行实名认证并统一开立个人账户。借款学生在支付宝指定的银行开立结算账户，与个人支付宝账户绑定。支付宝将在国家开发银行统一规划的日期发放贷款，并将贷款资金划付至借款学生就读高校的银行账户，同时通过短信、邮件通知借款学生。

二、高校毕业生办理应征入伍学费补偿和国家助学贷款代偿基本操作流程及需要填写的申请表

（一）申请流程

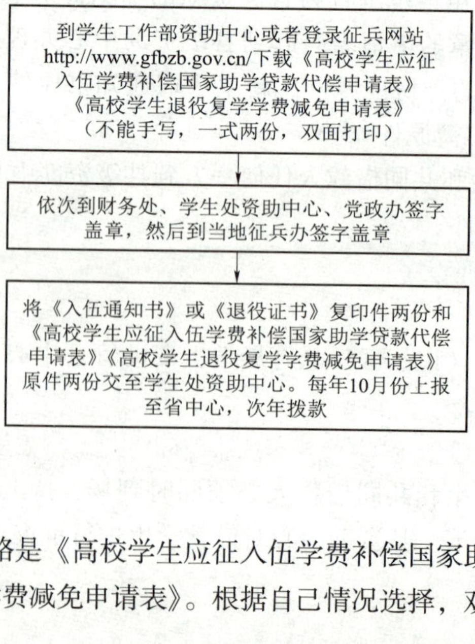

（二）申请表

两种不同类型表格是《高校学生应征入伍学费补偿国家助学贷款代偿申请表》《高校学生退役复学学费减免申请表》。根据自己情况选择，双面打印一式两份。

高校学生应征入伍学费补偿国家助学贷款代偿申请表

<table>
<tr><td colspan="8">个人基本信息（学生本人填写）</td></tr>
<tr><td>姓名</td><td></td><td>性别</td><td></td><td>政治面貌</td><td></td><td>出生年月</td><td></td></tr>
<tr><td>院校</td><td colspan="3"></td><td>隶属关系</td><td>□中央</td><td colspan="2">□地方</td></tr>
<tr><td colspan="2">院系班级</td><td colspan="2"></td><td>所学专业</td><td></td><td>学号</td><td></td></tr>
<tr><td colspan="2">学历</td><td colspan="2"></td><td>学制</td><td></td><td>年级</td><td></td></tr>
<tr><td colspan="2">入学时间</td><td colspan="2"></td><td colspan="2">公民身份号码</td><td colspan="2"></td></tr>
<tr><td colspan="2">学校资助部门
地址及邮编</td><td colspan="6"></td></tr>
<tr><td colspan="2">入学前户籍所在
县（市、区）</td><td colspan="6">省（区/市） 市（地/州/盟） 县（市/区/旗）</td></tr>
<tr><td colspan="2">现家庭地址及邮编</td><td colspan="6"></td></tr>
<tr><td colspan="2">本人联系电话</td><td colspan="2"></td><td colspan="2">本人其他联系方式</td><td colspan="2"></td></tr>
<tr><td colspan="2">父亲姓名及联系方式</td><td colspan="6"></td></tr>
<tr><td colspan="2">母亲姓名及联系方式</td><td colspan="6"></td></tr>
<tr><td colspan="2">其他亲属及联系方式</td><td colspan="6"></td></tr>
<tr><td colspan="4">补偿代偿类别（学生本人填写）</td><td colspan="2">□学费补偿</td><td colspan="2">□国家助学贷款代偿</td></tr>
<tr><td colspan="8">在校期间缴纳学费情况（学生本人填写）</td></tr>
<tr><td colspan="4">应缴纳学费总金额（元）</td><td colspan="4"></td></tr>
<tr><td colspan="3">实际缴纳学费总金额（元）</td><td></td><td colspan="2">学费减免金额（元）</td><td colspan="2"></td></tr>
<tr><td colspan="8">在校期间获得国家助学贷款情况（学生向经办银行或经办地县级资助机构确认后填写）</td></tr>
<tr><td colspan="4">校园地国家助学贷款</td><td colspan="4">生源地信用助学贷款</td></tr>
<tr><td colspan="2">贷款本金（元）</td><td colspan="2"></td><td colspan="2">贷款本金（元）</td><td colspan="2"></td></tr>
<tr><td colspan="2">贷款利息（元）</td><td colspan="2"></td><td colspan="2">贷款利息（元）</td><td colspan="2"></td></tr>
<tr><td colspan="2">贷款银行名称</td><td colspan="2"></td><td colspan="2">贷款银行名称</td><td colspan="2"></td></tr>
<tr><td colspan="2">还款账户账号</td><td colspan="2"></td><td colspan="2">还款账户账号</td><td colspan="2"></td></tr>
<tr><td colspan="2">还款账户户名</td><td colspan="2"></td><td colspan="2">还款账户户名</td><td colspan="2"></td></tr>
<tr><td colspan="2">还款账户开户行地址</td><td colspan="2"></td><td colspan="2">还款账户开户行地址</td><td colspan="2"></td></tr>
<tr><td colspan="8">向本人补偿学费方式（只可选择一种，由学生本人填写）：</td></tr>
<tr><td rowspan="4">存入银行</td><td colspan="7">开户银行名称：</td></tr>
<tr><td colspan="7">开户银行账号：</td></tr>
<tr><td colspan="7">开户人户名：</td></tr>
<tr><td colspan="7">开户银行地区： 省（区/市） 市（地/州/盟）</td></tr>
</table>

续表

<table>
<tr><td rowspan="3">邮局汇款</td><td colspan="2">收款人姓名及联系电话：</td></tr>
<tr><td colspan="2">收款人地址：</td></tr>
<tr><td colspan="2">邮政编码：</td></tr>
<tr><td colspan="3">本人已阅读并了解关于“高等学校学生应征入伍服义务兵役国家资助办法”的有关内容，并承诺上述提供的资料真实、有效。
申请人签字： 年 月 日</td></tr>
<tr><td colspan="3">※※※※※※以下由学校和征兵部门填写※※※※※※</td></tr>
<tr><td colspan="3">高校审核情况</td></tr>
<tr><td colspan="2">学校财务部门审核意见</td><td>经审查，该同学应缴纳学费合计 元。实际缴纳学费 元，实际获得国家助学贷款 元。
签字： 单位公章 年 月 日</td></tr>
<tr><td colspan="2" rowspan="2">学校学生资助管理部门审查意见</td><td>经审查，情况属实。该同学批准入伍服义务兵役后，同意补偿学费 元。
签字： 单位公章 年 月 日</td></tr>
<tr><td>经审查，情况属实。该同学批准入伍服义务兵役后，同意代偿国家助学贷款本金 元，利息 元（利息起止时间： ）。
签字： 单位公章 年 月 日</td></tr>
<tr><td colspan="3">批准入伍地县级人民政府征兵办公室意见</td></tr>
<tr><td colspan="3">同志积极报名应征，经我办体检、政审合格，批准入伍服义务兵役，入伍批准书号为： 入伍通知书号为： 。
签字： 单位公章 联系电话： 年 月 日</td></tr>
<tr><td colspan="3">高校复核意见</td></tr>
<tr><td colspan="3">上述审查意见属实。
单位公章 年 月 日</td></tr>
</table>

说明：

1. 申请学生通过大学生征兵报名系统在线填写、打印本表（手填及复印无效）；

2. 此表一式两份，一份由高校留存备查，另一份供学生履行相应审批程序时使用。

高校学生退役复学学费减免申请表

个人基本信息（学生本人填写）							
姓名		性别		政治面貌		出生年月	
就读院校		隶属关系	□中央	□地方		复学就读学历层次	
院系班级				学号			
公民身份号码							
学校地址及邮编						本人联系	电话
现家庭地址及邮编							
就读和服役情况							
入伍前入学时间		入伍时间		退役时间		复学时间	
申请学费减免情况（学生向学校确认后填写）							
复学就读年级				申请学费减免总计（元）			
复学后第一年（元）		复学后第二年（元）		复学后第三年（元）		复学后第四年（元）	
※※※※※※以下由学校和征兵部门填写※※※※※※							
高校审核情况							
学校财务部门审核意见	经审查，该同学复学后应交纳学费共计　　元。根据规定减免学费　　年，总计　　元。						
	签字：		单位公章		年　月　日		
学校学生资助管理部门审查意见	经审查，情况属实。该同学入伍前已获得　　年共计　　元的学费补偿/贷款代偿。根据规定，同意减免学费　　年，总计　　元。						
	签字：		单位公章		年　月　日		
退役安置地县级人民政府征兵办公室意见							
同志经我办批准，　　年　　月入伍服义务兵役，　　年　　月退出现役。入伍批准书号为： 退役证书号为：　　　。 签字：　　　　单位公章　　　　联系电话：　　　　年　月　日							
高校复核意见							
上述审查意见属实。 单位公章　　　　年　月　日							

后　　记

历史在前进，时代在变革，学院在发展。作为学院学生管理的职能部门，我们在规范学生日常管理、培养学生健康人格、养成学生良好习惯等方面都肩负着重要责任。为了引导学生详细地了解学院，适应新环境，开始新生活，在学院领导的具体部署下，学工部牵头组织编写了本书。

本书在编写过程中，得到了学院办公室、教务处、宣传部等职能部门以及各系的大力支持，正是学院各个部门的规范管理、严格制度为我们学生的健康成长提供了有力保障；正是学院全体教职工的倾心关注、悉心教育为我们学生的成长成才提供了坚强支柱！在此，谨致以我们由衷的感谢！

由于作者水平有限，加之时间仓促，书中不妥之处在所难免。敬请大家对其中的错谬之处批评指正。今后将根据实际情况不断修订完善本书。感谢所有为本书的编写付出辛勤劳动的同事！

编　者